La Congrégation

des

Sœurs de Sainte-Marie

LES ORDRES RELIGIEUX

LETOUZEY ET ANÉ, ÉDITEURS

1re Édition

La Congrégation

DES

Sœurs de Sainte-Marie

LES ORDRES RELIGIEUX

La Congrégation
DES
Sœurs de Sainte-Marie

PARIS
LIBRAIRIE LETOUZEY ET ANÉ
87, Boulevard Raspail, 87

1925

Nihil obstat :

Parisiis, die 18ª Martii 1925

E. Sédillière
censor deputatus.

IMPRIMATUR

Parisiis, die 19ª Martii 1925

Benjamin-Octavius
Episc. Mosynopolit.

ARCHEVÊCHÉ
de
PARIS

Paris, 25 mars 1925
en la fête de l'Annonciation
de la Sainte Vierge

Ma Révérende Mère,

Vous me demandez de tracer quelques lignes au seuil de ces pages où les Sœurs de Sainte-Marie ont pieusement recueilli les souvenirs de leur famille religieuse.

Puis-je me dérober à votre invitation, après tous les témoignages de piété filiale que j'ai reçus, depuis six ans, de mes « filles aînées » ?

Elle n'est pas banale l'histoire de vos origines et elle manifeste, à travers une série d'événements enchevêtrés, l'action de la Providence qui a voulu, qui a préparé, béni et fécondé la fondation de votre Institut.

Une famille vigoureusement constituée et bien unie s'attache à ses traditions. Elle les considère comme la sève qui monte des racines dans les branches et les vivifie. Elle trouve sa force de cohésion à évoquer son passé et à se pénétrer de l'esprit de ses ascendants.

Les Sœurs de Sainte-Marie méditeront avec profit les circonstances où leur Congrégation a pris naissance et elles parcourront avec fierté la galerie de leurs portraits de famille.

Que, d'un nid de jansénisme, une âme se soit envolée pour échapper à la morsure de l'hérésie et du schisme, qu'elle ait été ensuite l'instrument de la Providence pour construire un autre nid, destiné celui-là à des filles authentiques de la sainte-Église et où des âmes, avides de perfection sont venues, toujours plus nombreuses, chercher asile pour se mettre à l'école de la sainte Vierge dont elles se proclament les Sœurs, voilà certes de quoi vous garantir une très spéciale intervention de Dieu à l'origine et au cours de votre histoire.

En réaction peut-être contre la doctrine janséniste que répudia votre fondatrice, votre famille religieuse s'est signalée par son attachement à la pure doctrine de l'Église, par sa soumission filiale et son aveugle confiance dans les directions des papes et des évêques, par sa piété ardente envers la Sainte Eucharistie, le Sacré-Cœur et la très sainte Vierge. Aussi son rayonnement, dans les œuvres d'éducation et d'assistance, s'est-il étendu de façon merveilleuse, non seulement en France mais à l'étranger, jusqu'au Mexique où des établissements prospères rendent gloire, à la fois, à l'Église catholique et à la Patrie des Sœurs de Sainte-Marie.

Plaise à Dieu qu'en faisant mieux connaître

VIERGE REINE ET MÈRE DE LA CONGRÉGATION

votre passé, ce livre édifiant vous attire de nouvelles sympathies et suscite de nombreuses vocations, pour permettre à votre chère Congrégation de développer toujours plus ses belles œuvres, à la gloire de Notre-Seigneur et de sa sainte Mère auxquels je confie ce vœu, en vous bénissant, ma Révérende Mère, vous et vos filles, paternellement.

BENJAMIN OCTAVE,

Évêque de Mosynople,
auxiliaire de S. E. le cardinal Dubois.

AVANT-PROPOS

L'histoire de la Congrégation des Sœurs de Sainte-Marie est intimement liéc à celle de sa fondatrice, la Mère Melthide. La vénérée et très aimée Mère vécut tellement et si totalement pour sa Congrégation, elle se dévoua si entièrement à sa fondation et à son développement, elle lui inspira si profondément ses propres vertus, et ses sentiments, que d'écrire l'histoire de Mère Melthide, c'est aussi écrire l'histoire de la Congrégation de Sainte-Marie.

Les lignes qui vont suivre n'ont point d'autre but. En les lisant, les religieuses de Sainte-Marie ne pourront qu'admirer les voies miséricordieuses par lesquelles la divine Providence sut attirer leurs Mères vers la pleine lumière de la foi.

La Congrégation

DES

Sœurs de Sainte-Marie

CHAPITRE I

Enfance et jeunesse de Mère Melthide son entrée à Sainte-Marthe.

Le 18 août 1791, naissait en pleine tourmente révolutionnaire, à Givet Saint-Hilaire, petit village des Ardennes, Marie-Joseph Vesnat.

Son père Vincent-Marie Vesnat, simple ouvrier mécanicien, et sa mère Melthide Marteau, étaient gens modestes, honnêtes et profondément chrétiens. Ils se distinguaient surtout par leur intense amour à l'égard de la très sainte Vierge, et ils voulurent donner à leurs six enfants, dont Marie-Joseph était l'aînée, le nom de Marie.

C'est au sein de cette famille aux mœurs patriarcales que va grandir la jeune Marie-Joseph. Elle y acquiert de bonne heure les habitudes d'ordre et d'économie qui la caractérisèrent toute sa vie. Elle y puise surtout un grand amour de Dieu et de la très sainte Vierge, en un temps où Dieu est chassé de ses églises, et où l'on traite de fanatiques et de suspects tous ceux qui sont restés fidèles à leur foi.

La révolution passée et la tranquillité revenue, Vincent Vesnat quitta les Ardennes et vint s'établir à Paris. Il pensait y trouver, sinon la fortune, tout au moins l'ouvrage qui lui permettrait d'élever sa petite famille. C'était en 1803.

L'année suivante, à la veille du sacre de Napoléon Ier, Mme Vesnat et ses enfants venaient rejoindre le père.

Quoique de condition modeste et de situation plutôt humble, M. Vesnat comptait parmi ses proches quelques membres influents et célèbres de la nouvelle aristocratie impériale. Tel le général Macon dont la femme accueillait si volontiers Marie-Joseph. Telle encore la générale Davoust, la future duchesse d'Auerstaedt, qui offrit à sa jeune cousine de la prendre près d'elle. L'enfant avait alors quinze ans, et la perspective d'une vie toute de bonheur, ne pouvait que lui sourire. Elle refusa cependant sur les conseils de son directeur M. l'abbé Girard qui voyait en Marie-Joseph les signes certains de la vocation à la vie religieuse.

Pour lui obéir, Marie-Joseph entra dans un pensionnat dirigé par Mlle Laroche, et situé faubourg Saint-Martin, sur la paroisse Saint-Laurent. Ce pensionnat était hélas! un foyer intense de jansénisme.

Dans son âme simple et droite Marie-Joseph ne pouvait prévoir le péril. Studieuse et docile, elle se laissa former par ses nouvelles maîtresses. Les résultats furent d'ailleurs ce que l'on attendait.

Arrivée à l'âge où l'enfant devenue jeune fille doit se décider, et choisir la voie vers laquelle elle se sent appelée, Marie-Joseph n'hésita pas un instant. Elle crut que Dieu la voulait dans la Congrégation des religieuses de Sainte-Marthe.

Le 5 février 1811, elle demandait comme une insigne faveur d'y pouvoir être admise. Les supérieures eurent une hésitation. La jeune fille était de santé délicate. Pourrait-elle supporter les austérités de la règle ? Serait-elle en état d'accepter les fatigues continuelles qu'entraîne l'instruction des enfants des classes populaires, ou le soin des malades des hôpitaux de Paris ? Le problème fut bientôt résolu, les doutes tombèrent devant la générosité et l'ardeur de la jeune aspirante. Marie-Joseph prenait l'habit des filles de Sainte-Marthe, et recevait à sa vêture le nom de Sœur Melthide, le nom de sa mère.

CHAPITRE II

La Congrégation de Sainte-Marthe
Son histoire. — Son esprit.

Qu'était au juste la Congrégation de Sainte-Marthe ? Nous ne saurions mieux répondre à cette question qu'en la présentant comme une filiale de Port-Royal. Sans doute la célèbre abbaye était détruite depuis cent ans passés, mais son esprit vivait encore et s'était perpétué, au milieu de bien des vicissitudes, dans les membres des deux congrégations enseignantes, celle des Frères de Saint-Antoine, chargée de l'éducation des garçons, et celle de Sainte-Marthe qui nous occupe ici. Quatre ans en effet après la destruction de Port-Royal des Champs, en 1713 exactement, Mme Françoise Élisabeth Jourdain, veuve du sculpteur Théodon, réunissait, Grande-Rue de Saint-Antoine, six religieuses qui se dévouaient à l'instruction des enfants pauvres. Le but était louable, et l'intention aurait mérité d'être encouragée, si sous ce prétexte de charité ne s'était glissé le secret désir de faire revivre l'esprit de Port-Royal. La Fondatrice était fortunée. Elle se servit de ses richesses pour se consacrer à une intense propagande de la « vraie doctrine ». En secret, l'on faisait imprimer *les Bons Livres* de ces Messieurs de Port-Royal, et avec un zèle digne d'une meilleure cause, on les répandait, on les faisait lire. La Congrégation nouvelle s'en délectait.

Le jour vint, et il arriva vite, où les filles de Sainte-Marthe n'avaient plus à cacher leurs sentiments, ni leur doctrine. L'Université, le Parlement, l'archevêque de Paris, le cardinal de Noailles, s'étaient faits leurs puissants protecteurs. Ainsi encouragées, stimulées, elles virent leur nombre croître assez vite.

En 1726, elles établissaient leur quartier général sur la paroisse Saint-Séverin où les avait fait venir Mme de Fleury, pour diriger l'école des filles du quartier. Inutile d'ajouter que lors des scènes scandaleuses et folles qui se produisirent auprès du tombeau du diacre Pâris, au cimetière Saint-Médard, les religieuses de Sainte-Marthe eurent, elles aussi, leurs convulsionnaires. C'est à la suite, d'ailleurs de ces événements singuliers que Mgr de Beaumont nommé tout récemment archevêque de Paris, intervint, avec toute sa charité, mais aussi avec toute son ardeur, pour extirper les germes de l'hérésie renaissante, et faire respecter l'autorité des pontifes romains qui en maintes circonstances avaient condamné Jansénius et sa secte. Aussi quand les religieuses de Sainte-Marthe vinrent trouver l'archevêque pour obtenir leur reconnaissance officielle, celui-ci s'y refusa formellement.

Les Sœurs pensèrent qu'il était prudent de ne point attirer l'attention sur elles, et d'attendre des jours meilleurs. Elles vécurent dans l'ombre, tout en essayant cependant d'accroître le nombre de leurs membres, et de reprendre l'influence qu'elles avaient perdue.

La Révolution d'ailleurs qui va bientôt éclater ne les inquiétera guère. En 1792, quatre d'entre elles vont s'établir sur la paroisse Saint-Leu, où elles sont chargées du soin des écoles et de la visite des malades. Toutefois, en 1793, la Convention les force de se disperser, mais la paix religieuse à peine revenue, elles se réunissent de nouveau, et réorganisent leur Communauté.

En 1810, elles prennent la direction et le service de l'hôpital Cochin. Comme avec les temps nouveaux, il est prudent de ne se point avouer janséniste, les filles de Sainte-Marthe, vont se faire plus humbles et plus cachées.

Mais, selon la remarque de Mgr Picard dans *La vie de Mgr de la Bouillerie*, le schisme et les traditions jansénistes survivaient aux plus solennelles condamnations de l'Église, et résistaient aux efforts d'un enseignement théologique moins rigide. Ils se perpétuaient à Paris, dans une Communauté, celle de Sainte-Marthe, que rien ne parvenait à soustraire aux résistances orgueilleuses de l'hérésie. C'était comme un nouveau Port-Royal en plein XIXe siècle, et la Mère Angélique et la Mère Agnès revivaient au sein de cette petite société schismatique qui gardait les apparences et l'étiquette de la vie religieuse en dehors de l'Église. Là s'enseignait encore ce respect terrifié de l'Eucharistie, traduit par un éloignement systématique de la Table sainte, sous un faux prétexte de révérence. Là, confondant la grâce avec la gloire, on faisait du moyen un but, et on ne permettait qu'aux âmes parfaites la fréquentation des sacrements établis pour soutenir et relever les faibles.

CHAPITRE III

Sœur Melthide à Saint-Leu. — A l'hôpital Saint-Antoine. — A l'hôpital de la Pitié.

Le coup d'œil donné précédemment sur la Congrégation de Sainte-Marthe, était nécessaire pour bien comprendre le milieu dans lequel venait d'entrer notre jeune Sœur Melthide, et les combats qu'elle aura à livrer pour se soustraire à l'hérésie qui l'environna, et revenir aux lumières de la vraie foi.

Jeune religieuse, Sœur Melthide fut envoyée à la maison située sur la paroisse Saint-Leu. Elle devait y passer dix-sept ans, faisant la classe aux enfants pauvres du quartier, et les traitant toujours avec un tact parfait et une grande simplicité. Elle était vis-à-vis de ses élèves une mère ou une amie plutôt qu'une maîtresse.

Pour elles, elle se dépensa tellement que sa santé déjà chancelante lors de sa vêture, se trouva complètement épuisée par ces dix-sept années d'incessant et d'ingrat labeur. Aussi, obligée de prendre un repos qui lui coûtait, dut-elle à son grand regret quitter sa chère maison de Saint-Leu. Elle entre alors à l'hôpital Saint-Antoine, où on lui confie la direction de la lingerie. Poste très humble peut-être, mais qui parut à Sœur Melthide bien assez bon pour elle.

Elle y eut sans doute passé bien des années si ses Supérieures en découvrant les qualités éminentes dont s'ornait son âme, ne l'en avaient tirée pour lui imposer la charge de maîtresse des novices. Elle ne changea point d'ailleurs pour cela d'établissement, car les novices se trouvaient à l'hôpital Saint-Antoine.

En 1834 enfin, la Communauté ayant accepté l'hôpital de la Pitié, Sœur Melthide en était nommée Supérieure et économe à la fois. C'est à la Pitié qu'il lui sera donné de trouver le chemin de la conversion, et d'établir les premiers fondements de la Congrégation de Sainte-Marie.

Il est bon de noter en effet, que plusieurs parmi les religieuses de la Congrégation de Sainte-Marthe ignoraient complètement qu'elles pussent être et vivre dans le schisme et l'hérésie. Dans la générosité de leur foi et la simplicité de leurs intentions, elles étaient entrées à Sainte-Marthe pour se consacrer à Jésus-Christ dans la personne de ses membres souffrants, ou pour le faire connaître et aimer des enfants du peuple.

La doctrine janséniste, les théories de Port-Royal, elles ne s'en souciaient que fort peu, et si elles subissaient l'influence pernicieuse de l'hérésie, qui les tenait continuellement éloignées de l'Eucharistie, ce n'est que comme à leur insu et sans y prendre garde.

Elles prenaient petit à petit une tournure d'esprit, une manière de penser, de sentir et de voir, qui leur semblait toute naturelle, mais si quelqu'un leur eût dit qu'elles étaient en état de rébellion contre l'Église, et qu'elles professaient une doctrine hérétique, elles en eussent été surprises et consternées. Leur bonne foi ne saurait être mise en doute. D'ailleurs l'on avait bien soin, en haut lieu, de ne point les initier à toutes les doctrines de la secte.

On empoisonnait doucement, tranquillement les esprits et les cœurs, mais de quelle source jaillissait le poison, on se gardait bien de le dire.

Au nombre de ces âmes de bonne foi, en dehors de Sœur Melthide, nous trouvons quelques religieuses qui aideront notre chère fondatrice, à établir la nouvelle Congrégation, et qui eurent, elles aussi, leur part de souffrances, de larmes et d'ennuis.

Nous ne ferons que mentionner leur nom. Au cours des lignes qui suivront, nous les verrons intimement associées à l'œuvre de la Supérieure de la Pitié. Ce sont Sœur Marthe, Sœur Florentine, Sœur Madeleine et Sœur Clotilde. Cette dernière, il est vrai, crut prudent de quitter la Congrégation de Sainte-Marthe, mais n'eut point le courage de suivre jusqu'au bout l'exemple que devaient lui donner ses compagnes.

RÉVÉRENDE MÈRE MELTHIDE
FONDATRICE DE LA CONGRÉGATION DE SAINTE-MARIE

CHAPITRE IV

La conversion.

Comment s'opéra la transformation, ou plutôt la conversion de Sœur Melthide, et des autres religieuses de Sainte-Marthe ? C'est ce que nous allons étudier maintenant.

Cette conversion, commençons par le dire, s'opéra lentement, et si elle est, avant tout, l'œuvre de la grâce du bon Dieu, elle fut occasionnée par une série de circonstances accidentelles.

C'est ainsi qu'en 1836, lors d'une visite que Mgr de Quélen faisait à Saint-Séverin pour la confirmation, le curé de la paroisse, M. Demerson, se permit de faire à sa Grandeur l'éloge des religieuses de Sainte-Marthe qui dirigeaient l'école des filles. « Je ne connais pas ces Sœurs-là », répondit brièvement l'archevêque. Cette réplique fut comme un éclair pour plusieurs de ces pauvres filles. Comment ! on ne voulait pas les connaître, elles qui s'étaient consacrées à Dieu, et se dévouaient à son service. Y avait-il donc chez elles quelque chose qui pût être répréhensible ? Aveuglement de gens qui ne veulent pas voir, déviation dangereuse des esprits qui ne peuvent comprendre qu'on les traite en hérétiques parce qu'ils enseignent ce que réprouve l'Église et pratiquent ce qu'elle blâme.

Mais l'impression fut de courte durée et n'eût point eu d'effet peut-être, si le curé de Saint-Séverin M. Demerson, venant à partir pour la cure de Saint-Germain l'Auxerrois, n'eût été remplacé par un prêtre connu pour sa piété et son esprit d'administration, tout autant que pour l'énergie de son caractère : M. l'abbé Auzour. A peine arrivé à Saint-Séverin, il eut à cœur d'éloigner de la paroisse trois des vicaires qui ne cachaient guère leurs sentiments jansénistes, et qui furent remplacés par trois jeunes prêtres sortis tout nouvellement du séminaire.

Se sentant ainsi aidé, secondé, l'abbé Auzour s'attacha à éclairer et à convertir les religieuses hérétiques. Il se fit leur confesseur habituel, et par sa grande bonté, son empressement charitable à rendre service, en même temps que par ses lumineuses exhortations, il réussit à ramener au bercail quelques-unes des brebis égarées. En 1840, la maison des religieuses de la paroisse de Saint-Séverin comptait neuf converties.

Comment maintenant s'opéra la conversion de celle que l'on vénère comme la très chère Fondatrice de la Congrégation des Sœurs de Sainte-Marie ? C'est ce qu'il est intéressant pour nous de savoir.

Cette conversion, hâtons-nous de le dire, fut toute simple. La divine Providence, pour arriver à pareil résultat, se servit de l'intermédiaire d'un prêtre vertueux et plein de zèle, M. l'abbé Poch.

Vicaire tout d'abord à Saint-Séverin, il avait pu juger de près le mal que causait l'hérésie janséniste dans les âmes de bonne foi. Aussi, ne visant que la gloire de Dieu et le salut des pauvres âmes égarées, il résolut de combattre coûte que coûte les jansénistes du quartier, et de les convertir.

Pour arriver à ses fins, il supplia l'autorité diocésaine qu'on le nommât aumônier de l'hôpital de la Pitié. Il y trouvait, comme Supérieure des Sœurs infirmières, notre Sœur Melthide. Celle-ci depuis trente ans déjà, s'adressait à un confesseur janséniste que la Communauté de Sainte-Marthe sans doute lui avait indiqué.

Au moment où l'abbé Poch arrivait à la Pitié, le directeur de Sœur Melthide rendait son âme à Dieu. A qui désormais se confiera la Supérieure de l'hôpital ? A qui donnera-t-elle la direction de son âme ? S'adressera-t-elle au nouvel aumônier ? Elle ne le connaissait guère, sans doute, que de réputation et quelle réputation si les Sœurs de Sainte-Marthe l'avaient seules établie ! Qu'importe ?

Poussée par l'Esprit Saint beaucoup plus que par ses inclinations personnelles, elle vint se mettre sous la direction de l'abbé Poch. L'on peut juger de la joie que dut ressentir le saint prêtre, à la pensée du bien que sans doute il serait appelé à accomplir s'il réussissait à convertir Sœur Melthide.

Il savait en effet que grâce à sa grande bonté, aux mille attentions délicates qu'elle avait vis-à-vis des Sœurs placées sous ses ordres, la Supérieure de la Pitié jouissait d'une énorme influence. C'était elle tout d'abord qu'il fallait convaincre. Une fois ramenée au bercail, elle entraînerait les autres.

M. l'abbé Poch s'acharna donc, le terme n'a rien d'excessif, à conquérir à Jésus une âme qui pouvait tant sans doute pour le salut des autres.

La conversion, ou plutôt la transformation de Sœur Melthide fut une œuvre d'assez courte durée. Par ses conseils éclairés, ses exhortations toutes surnaturelles, ses prières et ses sacrifices, le zélé directeur amena promptement la Mère Supérieure sur les chemins de la vérité et de la paix.

D'ailleurs, quand les âmes sont de bonne foi, et ne demandent qu'à s'instruire et à bien faire, le travail se trouve singulièrement simplifié. Que Dieu donne sa grâce, et il la donne toujours, suivant l'expression de saint Paul, *facienti quod in se est, Deus non denegat gratiam*, alors c'est la transformation totale, c'est le retour généreux et définitif, il faut le croire, vers Jésus.

Cette transformation dans l'âme de Sœur Melthide, fruit de sa docilité aux inspirations de la grâce divine et aux exhortations de son confesseur, s'opéra comme il convenait, dans le silence et la paix.

Il n'y eut point de coup de foudre retentissant, point d'extase ni d'événement extraordinaire, mais l'ascension tranquille d'une âme qui s'ouvre petit à petit, aux lumières de l'Esprit Saint, et se laisse diriger par les inspirations d'En-Haut.

Ce silence était d'ailleurs conseillé par l'aumônier, et voulu par Sœur Melthide. Tous les deux pensaient à bon droit qu'il valait mieux ménager les religieuses, et ne les attirer vers la vérité, qu'à force de persuasion et de douceur. Si au contraire, l'on avait annoncé bruyamment la conversion de Sœur Melthide, plusieurs des religieuses qui lui étaient confiées se seraient sans doute détournées aussitôt de leur Supérieure, et auraient refusé de recevoir de sa bouche et de son cœur des conseils qu'*à priori* elles jugeaient mauvais et sataniques.

CHAPITRE V

L'esprit d'apostolat de Sœur Melthide Conversion de plusieurs religieuses de Sainte-Marthe.

Pour silencieuse que fut la conversion de Sœur Melthide ,elle finit bien quand même, par transparaître autour d'elle. Les Sœurs n'étaient pas sans s'apercevoir des transformations qui s'opéraient dans les habitudes, les vertus et les sentiments de leur Supérieure.

Sœur Melthide se faisait plus douce qu'autrefois, ses propos étaient plus remplis de mansuétude, plus empreints de charité. C'est par un ensemble de vertus et particulièrement par la douceur que la Supérieure voulait à son tour attirer les âmes à Notre Seigneur et les ramener à l'unité de la foi.

Elle supposait avec juste raison, qu'après s'être imposée par son dévouement, il lui serait facile de réaliser ses désirs.

Il en fut ainsi pour plusieurs des religieuses et des novices, mais les autres, et ce fut le plus grand nombre, s'étant aperçues que leur Supérieure lisait des livres catholiques, ne se firent pas faute de montrer leur mécontentement. Elles essayèrent par la suite d'enrayer, de contrarier, et d'annihiler l'influence bienfaisante de Sœur Melthide. Elles feront inconsciemment sans doute, cause commune avec l'esprit mauvais.

Plusieurs parmi les religieuses et les novices, car les novices étaient à l'hôpital de la Pitié, se montrèrent dociles aux inspirations de la grâce, et aux conseils que leur donnait Sœur Melthide. Nous ne les nommerons que parce qu'elles furent les premières à aider leur Supérieure dans l'œuvre qu'elle avait entreprise. Sœur Denise et Sœur Lucien, ce sont leurs noms, méritent bien qu'on rappelle ici leur souvenir. Nous ne pouvons d'ailleurs insister sur le récit des conversions de chacune d'elles. Plus volontiers nous parlerons de la conversion de Sœur Marthe, l'une des compagnes de Sœur Melthide à la Pitié.

Autorisée pendant quelque temps à quitter la communauté, pour aller se reposer à la campagne, auprès de ses parents, et se faire soigner d'un mal qu'elle avait au genou et que l'on croyait incurable, Sœur Marthe reçut dès son arrivée la visite du curé de l'endroit, qui lui conseilla de communier plus souvent qu'elle ne le faisait, et de s'approcher de la sainte Table, au moins deux fois par semaine.

Sur les conseils de ce directeur passager et malgré les observations de la Supérieure Générale, qui écrivait force lettres, Sœur Marthe se mit à communier.

Or quel ne fut pas son étonnement de voir que

plus ses communions étaient fréquentes, plus elle sentait en elle de véritables progrès dans la voie de la perfection. Alors, pourquoi à Paris, l'empêchait-on de s'approcher des sacrements ? Si l'on désirait qu'elle devint plus parfaite, — et elle était entrée en religion pour ce noble but — il fallait donc la laisser communier plus souvent. Ses Supérieures seraient-elles dans l'erreur ? Et seraient-ils seuls dans la vérité ceux qui s'acharnaient à les combattre ?

Toutes ces questions jetèrent dans l'anxiété l'âme de Sœur Marthe, mais bien vite le trouble fit place à la paix, et le doute à la pleine lumière.

Pendant l'octave de la fête de l'Assomption de la vierge Marie, à la suite d'une neuvaine qu'elle lui avait faite, Sœur Marthe se sentit guérie tout à coup de sa souffrance au genou. C'était la réponse du ciel à ses inquiétudes. A peine rétablie, Sœur Marthe rentrera à Paris et deviendra l'une des plus précieuses auxiliaires de notre vénérée Fondatrice.

Victoire de la sainte Vierge aussi, la conversion de Sœur Madeleine, infirmière à l'hôpital Cochin. L'aumônier de l'hôpital, animé de l'esprit du pieux Mr Molevaut, Supérieur de la Solitude au séminaire d'Issy, essayait depuis bien des mois, et par des moyens bien divers de convertir les Sœurs de l'établissement où il était attaché.

Discours, exhortations, rien n'y fit. De guerre lasse, il s'en vient à Notre-Dame des Victoires, y célèbre la sainte messe à l'intention d'une des religieuses dont il veut le retour à Dieu, et, inspiré par Notre-Seigneur, conseille à la Sœur de réciter chaque jour trois fois l'invocation : « O Marie, conçue sans péché, priez pour nous qui avons recours à vous ! »

La Sœur y consent, en omettant toutefois les mots « conçue sans péché ». Trois mois après, elle se convertissait. La victoire de la très sainte Vierge était complète.

CHAPITRE VI

Mgr Affre et la Congrégation de Sainte-Marthe

Il nous reste maintenant à voir comment la nouvelle Congrégation de Sainte-Marie devait naître.

Il est probable que les religieuses ramenées à l'unité de la vraie foi n'auraient jamais quitté la Congrégation de Sainte-Marthe, si leurs Sœurs restées dans le schisme et l'hérésie ne leur avaient fait voir qu'il est impossible de vivre en bons rapports d'intelligence avec des âmes révoltées.

Ce fut en effet, à la suite d'un acte de rébellion contre l'autorité diocésaine, et dont les seules religieuses jansénistes devaient porter le poids et la responsabilité, que Sœur Melthide et ses Sœurs récemment converties, décidèrent de se séparer de la Congrégation de Sainte-Marthe.

Nous sommes en 1840. A Mgr de Quélen, mort le dernier jour de l'année 1839, vient de succéder Mgr Affre.

Quelques jours à peine après son sacre qui eut lieu à Notre-Dame, le 8 août 1840, l'archevêque de Paris annonce son intention de ne plus supporter dans son diocèse de communauté qui ne soit entièrement soumise à l'autorité ecclésiastique.

Les religieuses de Sainte-Marthe sentent que c'est elles que l'on vise. Elles ont d'ailleurs peu d'illusions à se faire sur les sentiments que leur nouvel archevêque a pour leur communauté. Vicaire général de Paris, avant d'être le premier pasteur du diocèse, il avait bien souvent manifesté le peu de sympathie qu'il professait à l'égard des religieuses insoumises et révoltées. Les Sœurs de Sainte-Marthe le savent bien.

Elles savent aussi que Mgr Affre n'est point un homme de demi-mesures, et que lorsqu'il commande, il veut être obéi.

L'orage gronde. On s'efforcera de le prévenir et de l'éviter. Quelque temps en effet après le sacre de l'archevêque de Paris, la Supérieure Générale de Sainte-Marthe vint rendre visite à Mgr Affre, et lui présenter l'hommage de son respect, et les vœux de sa communauté. Monseigneur les accepta bien volontiers, mais déclara aussitôt qu'il songeait à donner aux Sœurs de Sainte-Marthe un Supérieur ecclésiastique. Interdite, Sœur Hilaire ne sut que répondre. Elle ne pouvait d'ailleurs que se soumettre aux désirs de l'autorité diocésaine.

Rentrée à la communauté, elle fit part à ses filles de l'entretien qu'elle venait d'avoir avec Monseigneur. Que faire ? La situation était critique : plusieurs des religieuses menaçaient de faire schisme et de quitter leurs compagnes, et voilà qu'on allait imposer à celles qui restaient fidèles à « la pure doctrine janséniste », un Supérieur qui, tout le faisait prévoir, ne serait pas dans les mêmes sentiments.

En hâte, le 7 octobre 1840, Sœur Hilaire réunit le Chapitre de la communauté qui devra décider du choix du Supérieur. Qui prendre ? Dans Paris, il est bien encore quelques prêtres à l'esprit suffisamment port-royaliste, mais ils ne sont point, en raison même de leurs idées, *persona grata* auprès de l'archevêque qui ne les saurait accepter comme Supérieurs de communautés religieuses. Tout bien considéré et pesé, le Chapitre décide que l'on offre le titre de Supérieur à l'archevêque lui-même. Il ne peut refuser. Il verra par là que les religieuses de Sainte-Marthe ne sont point des révoltées comme on aime à le dire.

D'un autre côté, avantage très appréciable, Mgr Affre en raison de ses fonctions absorbantes, n'aura guère de temps libre, capable d'être consacré à la direction de la communauté. Les Sœurs pourront ,à l'abri de toute suspicion, et sans danger aucun, persévérer dans leurs erreurs, et leurs funestes habitudes.

Calculs humains que toutes ces considérations; Sœur Hilaire s'apercevra bien vite que la réalité va se charger de les déjouer. Mgr Affre en effet, quoique très occupé par les multiples fonctions de sa charge, trouva le temps nécessaire pour remplir, comme il l'entendait, son rôle de Supérieur.

Le premier souci qu'il eut, fut de se procurer les règles de la Congrégation. On s'empressa de les lui remettre. « Vous me donnerez, ajouta-t-il les noms de vos confesseurs, afin que je les approuve. » On les lui donna, et il ne fut point étonné d'y voir surtout le nom des prêtres de Saint-Séverin, presque tous jansénistes.

A quelque temps de là, Monseigneur vint donner le sacrement de confirmation à l'hôpital de la Pitié. La cérémonie terminée, le prélat réunit à l'oratoire les Sœurs de la communauté, et leur dit : « Vous êtes venues à moi; si vous n'étiez pas venues, je serais allé moi-même vous chercher. Vous désirez m'avoir pour Supérieur, je le veux bien; j'étudierai vos règles. Nous verrons avec vous, Madame la Supérieure; j'écouterai vos observations, et je vous ferai les miennes. »

Ces paroles dites avec une grande fermeté, étaient nettes. Elles montraient à découvert les sentiments du premier pasteur du diocèse qui, ayant accepté de devenir le Supérieur de Sainte-Marthe, comptait bien, en usant de tout le pouvoir que lui conférait ce titre, se montrer vraiment un chef et un père.

Persuadé qu'il valait mieux pour le bien des pauvres âmes égarées et ignorantes, employer la miséricorde et la douceur, plutôt que la force et la sévérité, Mgr Affre, et après lui, son délégué dans la charge de directeur de Sainte-Marthe, M. l'abbé Gaume, vicaire général, se montreront pleins de patience et de persévérante charité.

Il est vrai que de leur côté les religieuses jansénistes évitaient autant qu'elles le pouvaient d'attirer l'attention sur elles. Elles savaient d'ailleurs que leur Congrégation janséniste avait besoin d'un directeur. Puisque celui-ci était nécessaire, on s'en accommoderait comme on pourrait, on lui ferait par-devant bonne mine, on protesterait de tout le dévouement et du respect qu'on avait pour sa personne, mais écouter ses conseils, se ranger à ses avis, faire sienne sa doctrine... cela, jamais.

Aussi, malgré les apparences de respectueuse soumission, les religieuses jansénistes devaient faire souffrir toutes sortes de tourments à leurs Sœurs revenues à la lumière de la foi.

Que celles-là s'approchent des sacrements, qu'elles aient un culte très marqué pour la sainte Vierge, immédiatement les quolibets allaient leur train, les moqueries se donnaient libre cours.

On devine combien Sœur Melthide et les religieuses qui suivirent son exemple durent souffrir des propos malveillants, des sourires moqueurs et volontairement méchants de leurs compagnes. Et pourtant, tout eût peut-être passé inaperçu, en haut lieu tout au moins, si l'élection d'une maîtresse des novices n'avait précipité le cours des événements, et permis aux religieuses fidèles de se séparer franchement de la Congrégation de Sainte-Marthe, et de chercher ailleurs une règle de vie, un but à leur désir de perfection.

Voici en effet ce qui survint. Le temps pour lequel la maîtresse des novices, Sœur Irénée, avait été élue était expiré. Il fallait donc ou la réélire, ou la remplacer. Or le Conseil chargé de l'élection se composait de quatre jansénistes et de quatre religieuses fidèles. Le nombre des voix dans les deux camps était égal, et les élections se seraient éternisées, si Mgr Affre n'était intervenu pour faire pencher la balance en faveur d'une religieuse orthodoxe.

Que faire ? Très surrexcitées, les religieuses décidèrent de passer outre aux ordres de l'archevêque.

On réunit un nouveau chapitre, on fait valoir que l'archevêque n'avait aucun droit dans les élections, qu'il avait outrepassé son pouvoir et qu'il était allé à l'encontre des usages de la communauté.

On décide de faire voter les religieuses pour le choix de la maîtresse des novices, et l'on votera non plus par bulletin secret comme c'était l'usage, mais de vive voix.

L'on comprend alors que devant les moqueries et les railleries de toute sorte, 19 religieuses seulement sur 90, osèrent ratifier le choix qu'avait fait leur archevêque.

On alla même plus loin. Comme les Sœurs jansénistes ne savaient pas comment Mgr Affre prendrait la nouvelle de la décision du chapitre, elles rédigèrent un procès-verbal de leur assemblée où elles rappelaient qu'elles avaient vécu longtemps sans Supérieur ecclésiastique, qu'elles s'en étaient très bien trouvées, et qu'elles désiraient reprendre leur liberté première.

Puis, en même temps, afin de régulariser leur

CHŒUR DE LA CHAPELLE MAISON MÈRE

situation aux yeux du pouvoir civil, elles dressaient un mémoire où elles déclaraient qu'elles n'avaient jamais voulu se faire religieuses, et demandaient qu'on les voulut bien reconnaître comme une simple association séculière.

CHAPITRE VII

Sœur Melthide et les religieuses catholiques à l'hôpital Cochin.

Les Sœurs fidèles comprirent la gravité et l'insolence de la démarche que l'on allait faire près de l'archevêque, ou plutôt qu'était en train de faire la nouvelle maîtresse des novices.

Elles protestèrent contre cette incorrection commise à l'endroit du premier pasteur du diocèse. D'ailleurs, elles avaient bien eu, en entrant dans la Congrégation, le désir de se faire religieuses. Aussi comprirent-elles que l'entente n'était plus possible avec leurs compagnes, et qu'il fallait se séparer d'elles. Les jansénistes de leur côté s'en rendaient compte, et elles acceptèrent la proposition que leur faisait au nom des Sœurs fidèles, la Supérieure de la Pitié.

Cependant, la séparation ne fut pas, sur le moment même, définitive. On se contenta pour commencer d'une demi-mesure. Les religieuses catholiques se grouperaient dans un seul établissement, qui devait être ou la maison de Saint-Séverin ou l'hôpital Cochin. Sœur Melthide qui venait d'être destituée de la charge importante qu'elle occupait à la Pitié depuis neuf ans déjà, accepta l'hôpital Cochin. Et pourtant ce n'était point l'idéal.

A Cochin, les religieuses allaient trouver comme Supérieure immédiate Sœur Geneviève qui n'était sympathique à personne, et surtout elles restaient sous la dépendance directe de Sœur Hilaire, la Supérieure Générale. Ce n'était pas cela que l'on avait désiré.

Les plus impatientes disaient « séparons-nous » : se séparer le mot était facile à prononcer, mais la chose était-elle réalisable ? Le nombre des religieuses rentrant dans le sein de l'Église serait-il suffisant pour former les éléments d'une Congrégation nouvelle ? Ne vaut-il pas mieux que les Sœurs se dispersent, retournent dans le monde, ou frappent à la porte de communautés plus accueillantes ? Quelques saints prêtres le pensaient et eussent volontiers conseillé aux religieuses de suivre cette voie qui semblait celle de la prudence.

Seuls, Sœur Melthide et l'abbé Poch, dont nous avons parlé plus haut, étaient intimement convaincus qu'il fallait empêcher coûte que coûte la dispersion des religieuses, et fonder une nouvelle Congrégation. La gloire du bon Dieu, tout autant que l'intérêt des âmes l'exigeait.

A ce point de vue, la solution n'était pas douteuse mais il fallait encore songer aux questions d'ordre matériel. L'esprit pratique de Mère Melthide ne pouvait l'oublier.

Si les religieuses se regroupaient en une communauté nouvelle, quelle serait la maison qui les pourrait recueillir ? Qui leur donnerait l'argent nécessaire ? Les titres de rentes qu'elles avaient en quittant le monde étaient à Sainte-Marthe, et aux mains de la Supérieure Générale. Voudrait-elle les leur rendre ? Les lits manquaient, les trousseaux des Sœurs étaient usés. Était-il vraiment raisonnable, dans des conditions matérielles si difficiles, de songer à fonder une communauté ? « Et pourtant, dira gaîment dans la suite l'aimable Mère Melthide, quand j'ai commencé ma communauté je n'avais pas cinq francs dans la poche. »

Les difficultés étaient réelles et semblaient insurmontables, aussi le saint abbé Poch conseilla-t-il à Sœur Melthide de s'en remettre aux décisions de Sœur Hilaire. Un peu de temps et de patience, et tout s'arrangerait.

Les novices déjà se trouvaient à l'abri puisque sur la demande de Mgr Affre, les religieuses dominicaines de la rue de Charonne, les avaient accueillies sous leur toit.

Pour le moment, il fallait parer au plus pressé, et le plus pressé était de se rendre à Cochin, comme il avait été décidé d'un commun accord.

Sœur Melthide quitta donc, et non sans regret, il faut bien le penser, la Pitié où elle avait consacré neuf années de son existence, neuf années d'un dévouement inlassable.

Elle s'y était fait aimer et des religieuses et du

personnel laïque et des gens de service. Le jour du départ fit couler bien des larmes, fut témoin de bien des regrets.

A Cochin, tout pour commencer semblait sourire. Les religieuses jansénistes qui y étaient restées ou que l'on avait appelées pour remplacer les novices, s'efforçaient de vivre en bons rapports avec leurs Sœurs catholiques. Celles-ci bien certainement, durent s'armer très souvent de beaucoup de patience. Les ennuis naquirent plutôt du côté du service de l'hôpital.

La Supérieure en effet s'absentait chaque jour, et ne rentrait que fort tard dans la soirée. Qui allait mettre au courant du service le nouveau personnel? Les Sœurs ne demandaient qu'à bien faire, mais encore fallait-il qu'il y eût quelqu'un pour les diriger. Aussi l'on peut juger du désarroi qu'un tel manque de direction pouvait causer : des récriminations des médecins, des malades,et surtout de l'administration.

L'administration d'ailleurs ne mettait aucun empressement à écouter les désirs que formulait la communauté de l'hôpital Cochin.

Sœur Melthide en effet, en décembre 1842, à qui s'étaient jointes deux autres Supérieures catholiques : Sœur Victoire, Sœur Eustoquie, et aussi Sœur Geneviève, avaient demandé aux membres du Conseil général des hôpitaux de Paris d'être maintenues en possession de leur quatre établissements : la Pitié, Cochin, Saint-Séverin, et la maison de Saint-Nicolas du Chardonnet. La demande avait été écartée sur la simple observation que l'administration n'ayant traité qu'avec une communauté elle ne pouvait reconnaître deux Supérieures.

CHAPITRE VIII

Sœur Melthide quitte la Congrégation de Sainte-Marthe.

Sœur Hilaire, nous l'avons dit plus haut, comprenait la nécessité d'une séparation. Aussi, ayant vu que les négociations de Sœur Melthide avec l'administration n'avaient pas abouti, elle se présenta, non pas à Sœur Melthide, mais à Sœur Victoire, et lui offrit de lui abandonner, à elle et aux Sœurs qui quitteraient Sainte-Marthe, les maisons de Saint-Nicolas et de Saint-Séverin. Mais, car il y eut un mais, ce serait aux trois conditions suivantes :

1o Ne plus conserver le nom de Sœurs de Sainte-Marthe;

2o Quitter le costume de cette Congrégation;

3o Renoncer par actes notariés à tous les droits présents et éventuels sur les immeubles, rentes sur l'État, capitaux et sommes diverses, appartenant soit à la communauté, soit conjointement à plusieurs Sœurs, en propriété ou nue-propriété, sous la réserve de conserver conjointement le cinquième des dits biens et valeurs; un peu plus bas on restreignait la part des Sœurs catholiques au cinquième des biens appartenant à la communauté, *librement et sans conditions.*

Naturellement les religieuses fidèles acceptèrent tout ce que Sœur Hilaire leur proposait. Toutefois, comme on lui faisait remarquer que les maisons qui leur étaient concédées étaient vraiment trop peu nombreuses, Sœur Hilaire consentit à leur laisser l'hôpital Cochin.

Les conditions qu'avait apportées la Supérieure de Sainte-Marthe étaient, en partie du moins, faciles à réaliser. La première, avons-nous dit, était que les religieuses qui se sépareraient, ne devaient pas conserver le titre de religieuses de Sainte-Marthe. Nous ne dirons pas qu'en quittant leurs compagnes, elles n'éprouvèrent nulle peine à abandonner le vocable de la sainte patronne qu'elles avaient choisie comme modèle : elles aimaient à voir en sainte Marthe la servante volontaire de Jésus, l'exemplaire vivant des vertus qu'à leur tour elles étaient appelées à pratiquer auprès des membres souffrants du Christ.

Elles devaient être amplement dédommagées à la pensée que désormais ce serait sous le nom de la Vierge Marie qu'elles abriteraient leur Congrégation naissante.

« Sœurs de Sainte-Marie », tel sera leur nom.

Le motif qui engagea la Mère fondatrice à prendre la vierge Marie pour patronne, n'est autre que son amour profond pour la Reine des Cieux. Ajoutons que Marie avait d'une manière toute spéciale, protégé le berceau de la jeune communauté.

C'est, en effet, à la suite d'une première neuvaine à la très sainte Vierge, neuvaine terminée le jour de Noël 1842, que les Sœurs catholiques avaient définitivement résolu de se séparer de leurs compagnes jansénistes.

C'est après une seconde neuvaine, que Sœur Hilaire proposait aux Sœurs qui la quittaient, un ensemble de conditions, qui sans être parfaites, étaient néanmoins acceptables.

C'est enfin au dernier jour d'une troisième neuvaine, que l'administration des hospices se décidait à reconnaître la nouvelle Congrégation, et à sanctionner les mesures que Mgr Affre avait arrêtées.

Pour montrer d'ailleurs, qu'en cette affaire tout était dû à l'efficacité de la prière, et à l'intervention de Marie, l'archevêque de Paris, ne craignait pas de dire en pleine assemblée du clergé que « cette affaire, cause de tant de soucis, s'était arrangée toute seule au moment où il avait cru ne plus devoir s'en occuper, au moment où il avait les bras croisés. »

La seconde des conditions posées par Sœur Hilaire n'offrait aucune difficulté. Quant à la troisième qui avait trait à l'abandon libre et sans conditions des 4/5 des biens à la communauté de Sainte-Marthe, les religieuses de Sainte-Marie ne purent s'empêcher de faire remarquer que la plus grande partie des biens de la Congrégation était formée par l'apport des fortunes de quatre Supérieures qui se séparaient. Ces biens étaient évalués à 112.499 fr. 91. On ne donna aux religieuses catholiques que la somme minime et dérisoire de 3.940 fr. 46.

Si injuste et choquante que pût paraître cette répartition, Sœur Melthide et ses compagnes l'acceptèrent généreusement, nous dirions même avec empressement, tellement elles désiraient la paix.

La sanction royale qui était nécessaire pour les arrangements financiers était donnée par lettre officielle, le jour de la fête de la Chaire de Saint-Pierre à Rome, le 18 janvier 1843.

CHAPITRE IX

La Congrégation de Sainte-Marie
Les débuts

La séparation était consommée. La tâche qui va se présenter à Sœur Melthide sera immense. Ses qualités de clair bon sens, de génie pratique et d'autorité vont pouvoir se manifester au grand jour dans la constitution et la direction de la nouvelle Congrégation.

Sœur Melthide, en effet, à la suite d'un conseil tenu sous la présidence de l'abbé Gaume, vicaire général, avait été élue Supérieure Générale, en même temps que Supérieure de l'hôpital Cochin.

D'après les conventions passées avec Sainte-Marthe, les religieuses de Sainte-Marie devaient changer de costume. Aussi, le 2 février 1843, jour de la Purification de la sainte Vierge fut choisi pour la cérémonie de vêture. Mgr Gros, vicaire général de Paris, évêque nommé de Saint-Dié, désigné comme Supérieur de Sainte-Marie, vint présider la première prise d'habit. Les nouvelles religieuses étaient au nombre de 16.

On peut s'étonner de ne point trouver parmi elles Sœur Geneviève si souvent mêlée aux luttes qu'avaient eu à soutenir, quand elles étaient encore à Sainte-Marthe, les religieuses catholiques.

L'abstention de Sœur Geneviève s'explique facilement. En entrant dans la nouvelle Congrégation elle pensait qu'elle serait nommée supérieure de l'hôpital Cochin. Cette fonction étant attribuée à Sœur Melthide, Sœur Geneviève en fut déçue, et essaya d'attirer à elle quelques-unes de ses compagnes pour fonder un nouvel Institut, celui de Saint-Lazare. Mais le nouveau groupement connut la mort le jour même de sa naissance.

La Providence ne devait point ménager les croix à la jeune communauté de Sainte-Marie. Elle voulait ainsi montrer que les religieuses ne doivent se fier qu'à sa toute paternelle sollicitude, et à la puissante intercession de Marie.

A peine était calmée en effet, l'agitation créée par Sœur Geneviève et les dissidentes, qu'une autre difficulté surgit qui, si elle n'avait été écartée, eût pu devenir mortelle pour les Sœurs de Sainte-Marie.

La nouvelle Congrégation est à peine née, et déjà les aspirantes y arrivent si nombreuses, que faute de place on devait les évincer. Que faire? L'institut est pauvre et n'a point de ressources pour acquérir un immeuble. Comme dans tous leurs embarras, les Sœurs de Sainte-Marie s'adressent à la sainte Vierge et comme toujours aussi, la réponse de la sainte Vierge ne se fait pas attendre. Quelques secours vinrent qui permirent à Sœur Melthide de louer un local, rue du Cherche-Midi, et d'y loger les novices avec quelques dames pensionnaires.

De plus, le Ministère ayant demandé des religieuses pour le service des « Jeunes aveugles », les Sœurs de Sainte-Marie furent présentées et agréées.

La durée du noviciat pour les anciennes religieuses de Sainte-Marthe fut fixé à un an, d'accord avec M. l'abbé Gaume, vicaire général, qui avait succédé à Mgr Gros comme Supérieur de la communauté.

Pendant cette année de noviciat une émulation généreuse régna entre les Sœurs si heureuses de se sentir enfin libres. Leur âme pouvait s'ouvrir, et s'épanouir joyeusement aux influences de la grâce d'En-Haut. A la loi de crainte succéda la loi d'amour.

L'inquiétude et le trouble créés par la doctrine janséniste font place à la joie et à la véritable paix. Dieu semblait si sévère et si terrible à Sainte-Marthe. Il paraît maintenant si doux, si fraternel et si bon. Que de consolations ignorées jusqu'alors, et que désormais l'on goûte dans l'action de grâces des fréquentes communions!

Ce changement de vues, cette transformation des esprits, cette habitude toute nouvelle de considérer le bon Dieu comme un Père, tout cela ne pouvait s'opérer instantanément.

Plusieurs parmi les religieuses trouvaient de la difficulté à remonter le courant des habitudes prises, à bannir l'esprit triste et morose, la doctrine dissolvante, qu'on leur avait inculquée jadis, des années durant, à Sainte-Marthe.

La plante que l'on change subitement de climat,

et qui des régions froides du nord est tout à coup portée sous d'autres cieux plus cléments et plus doux, demande quelque temps avant de s'acclimater aux chauds rayons du soleil du midi.

Les âmes, elles aussi, ont besoin de s'adapter quand on les change de milieu. Cette acclimatation progressive fut l'œuvre de l'année de noviciat. La grâce divine, les conseils, les directions, les prédications transformèrent les esprits et les cœurs. L'Esprit Saint fit tant et si bien, rencontra une si généreuse docilité, que l'année de noviciat écoulée, il ne restait plus rien, pas même l'ombre, ni dans la pensée, ni dans le cœur, ni dans la piété qui put rappeler le jansénisme.

Mère Melthide, est-il besoin de le dire, voulaít être la première à donner l'exemple. Elle se sentait d'ailleurs encouragée par les religieuses qui l'entouraient. Deux seulement d'entre elles n'eurent point le courage de suivre jusqu'au bout, la voie tracée par leur Mère.

Il avait été convenu qu'aux vœux en usage à Sainte-Marthe, s'ajouterait celui de pauvreté. A Sainte Marthe, en effet, on gardait la propriété de ses biens. La perspective de ne plus rien posséder, et de ne point conserver la libre disposition de leurs revenus effraya quelque peu deux des religieuses qui, n'osant s'engager, se retirèrent.

L'émission solennelle des vœux avait été fixée au 25 mars 1844, en la fête de l'Annonciation de la sainte Vierge. Pour témoigner de l'intérêt qu'il portait à la Congrégation nouvelle de Sainte-Marie,

ORGUES DE LA CHAPELLE DE LA MAISON MÈRE

Mgr Affre tint à venir présider cette première fête de famille. Deux des vicaires généraux, les membres de la commission et de l'administration des hôpitaux entouraient l'archevêque, partageaient ses sentiments d'estime pour les Sœurs de Sainte-Marie.

La chapelle de l'hôpital Cochin avait été ornée avec beaucoup de soin et un goût délicat par les mains des malades reconnaissants.

Jamais, peut-être, l'hymne au Saint-Esprit ne fut chantée avec plus de piété et de confiance que ce jour-là par les nouvelles religieuses. Elles sentaient intensément que dans le grand bonheur qui inondait leurs âmes, elles étaient pour si peu, et que l'Esprit divin en avait été le véritable artisan.

Les Sœurs prononcèrent à haute voix leurs vœux de pauvreté, de chasteté et d'obéissance dans la Congrégation de Sainte-Marie. Elles promettaient en même temps de consacrer leurs jours au soin des malades, et à l'instruction des enfants pauvres.

La Congrégation des Sœurs de Sainte-Marie, ce jour-là, recevait sa consécration définitive.

CHAPITRE X

Une Congrégation qui s'éteint
Les derniers jours de Sainte-Marthe.

Avant d'entreprendre la narration des premières années de Sainte-Marie, il sera bon de nous demander, et plus d'un lecteur sera satisfait de le savoir, ce que devient la Congrégation de Sainte-Marthe.

Cette communauté assez prospère autrefois, ne va faire que déchoir jusqu'au jour de sa mort, qui ne peut être lointaine. Enracinée dans l'hérésie et le schisme, elle verra et expérimentera la terrible parole de l'Évangile : « Le rameau détaché du tronc, ne porte plus de fruit et meurt. »

Dès le 25 février 1843, Mgr Affre avait cru devoir éclairer son clergé par une lettre conservée aux archives de l'archevêché de Paris, et qui dictait la conduite à tenir envers les religieuses schismatiques. Voici le texte de cette lettre :

Monsieur le Curé,

« Vous connaissez la scission opérée dans l'Association de Sainte-Marthe, dont je crois inutile de vous indiquer les causes.

Je ne pense pas non plus avoir besoin de vous dire les motifs de ma conduite dans cette circonstance délicate.

Je me bornerai à vous faire connaître quelques faits et à vous tracer les règles qui doivent vous diriger dans le cas où les Sœurs de Sainte-Marthe auraient recours à votre ministère.

1° Il est notoire que ces Sœurs n'avaient jamais reçu de direction spirituelle de mes prédécesseurs;

2° Il est certain que dès les premiers jours de mon épiscopat, elles m'ont fait de vives instances, non seulement pour me décider à leur donner cette direction, mais aussi afin que je consentisse à être leur Supérieur immédiat;

3° Un autre fait, non moins certain, c'est que je me suis abstenu d'ajouter aucune pratique, aucun devoir nouveau aux pratiques et aux devoirs imposés par leur règle;

4° Désireux néanmoins qu'un esprit particulier, qu'on m'assurait être peu conforme à celui de toutes les autres communautés ne se perpétuât point (au cas où il aurait réellement existé), j'ai pris il y a cinq ou six mois, une mesure que je croyais propre à atteindre ce but. Cette mesure acceptée par les religieuses qui desservent actuellement l'hôpital Cochin, et par celles qui dirigent l'école de Saint-Séverin et de Saint-Nicolas du Chardonnet, a été repoussée par celles qui sont chargées des hospices de Saint-Antoine, de la Pitié, de Beaujon et des Quinze-Vingts, ainsi que par les Sœurs attachées aux écoles de Saint-Leu, de la rue Saint-André-des-Arts, et à l'infirmerie de deux ou trois collèges.

C'est alors que s'est déclarée la scission existante déjà depuis plusieurs années, mais qui ne s'était pas manifestée.

Les Sœurs de Saint-Séverin, de Saint-Nicolas et de Cochin qui désiraient reconnaître mon autorité, ont choisi pour Supérieure Générale la Supérieure de l'hôpital Cochin, elles ont modifié leur costume, pris le nom de Sœurs de Sainte-Marie, et sont en instance pour obtenir leur reconnaissance légale. Je n'ai aucune règle à vous prescrire à leur égard, elles sont dans le droit commun aux diverses communautés hospitalières.

5º Quant aux autres Sœurs qui conservent le nom de Sainte-Marthe, je crois utile de vous déclarer, en premier lieu, qu'ayant à m'expliquer à leur sujet avec les diverses autorités dont elles dépendent sous le rapport civil, j'ai constamment repoussé tout projet qui aurait eu pour but de mettre en exécution une mesure tant soit peu sévère; en second lieu que sous le rapport spirituel, je suis disposé à être aussi indulgent que me le permettent les règles les moins sévères interprétées dans le sens le plus doux. En conséquence, après avoir réfléchi devant Dieu, sur ce qu'il était le plus utile de faire, dans l'intérêt de mon diocèse, dans l'intérêt des Sœurs de Sainte-Marthe, je me suis arrêté à la mesure très simple que j'ai annoncée aux membres de la Conférence Centrale. Cette mesure, la voici :

Le pouvoir de confesser les Sœurs de Sainte-Marthe est réservé aux seuls curés sur le territoire desquels elles sont fixées. Ainsi, les Sœurs de Saint-Antoine ne pourront s'adresser qu'à M. le curé de Sainte-Marguerite, celles des Quinze-Vingts qu'à M. le curé de Saint-Antoine, et ainsi des autres.

Parmi les Sœurs de Sainte-Marthe, plusieurs sont sans doute de bonne foi, mais toutes néanmoins doivent être averties soit sur la soumission due à l'Église et à leurs pasteurs légitimes, soit sur les livres condamnés comme contraires à la foi, soit sur les pratiques qu'il n'est pas permis de désapprouver quand l'Église les approuve. Si le confesseur doit s'abstenir de les imposer, puisque l'Église ne les prescrit pas, il doit s'assurer néanmoins qu'elles ne deviennent pas un objet de persécution ou de plaisanterie.

Vous savez, M. le curé, que les Sœurs de Saint-Vincent de Paul qui forment la Congrégation la plus nombreuse, doivent, d'après leurs règles, s'adresser ordinairement au curé de leur paroisse. Les Sœurs de Sainte-Marthe ne peuvent pas se plaindre d'être assimilées aux Filles de Saint-Vincent de Paul. D'ailleurs, si quelqu'une d'entre elles demandait de s'adresser à un autre confesseur, vous voudriez bien en prévenir M. Gaume, qui est autorisé de leur donner les permissions qui seront jugées utiles.

Si quelque jeune personne vous demandait votre

avis pour entrer au noviciat de Sainte-Marthe, vous devriez lui faire connaître l'état d'esprit de cette communauté....

Recevez, etc...

† DENIS, Archevêque de Paris.

C'est à la suite de cette lettre que les religieuses de Sainte-Marthe décidèrent de vivre dans l'ombre et le silence. Elles comprirent qu'il valait mieux pour elles être ignorées de l'autorité ecclésiastique. Aussi, quand Mgr Sibour succéda à Mgr Affre, tué sur les barricades, elles se gardèrent bien d'aller présenter leurs hommages au nouvel archevêque.

L'âme de la résistance, Sœur Hilaire vient à mourir, en 1844. Elle est remplacée par Sœur Irénée, l'ancienne maîtresse des novices dont l'élection avait été cause de bien de troubles et de bien de misères. Elle ne demeure pas longtemps à la tête de la communauté. En juin 1849, elle meurt à Magny, tout près de Port-Royal.

Sœur Sébastien qui lui succède sera la dernière. A elle devait être donné de voir la fin de la Congrégation de Sainte-Marthe. Les Sœurs ne peuvent plus se recruter, les vocations se font toujours plus rares, il n'y a plus de sujets. Aussi, les voit-on quitter les unes après les autres les postes qui leur avaient été confiés.

En 1853, elles abandonnent l'hôpital des Quinze-Vingts. En 1860, les écoles de la paroisse de Saint-Leu, en 1862, le lycée Napoléon. En 1871, l'École

Polytechnique, puis la Pitié, Saint-Antoine et Beaujon. Arrivent les décrets de laïcisation avec l'année funeste de 1880. Plusieurs des religieuses se sécularisèrent. Les autres se réfugièrent à Magny, auprès de Port-Royal des Champs.

C'est là qu'elles devaient et voulaient mourir. L'année 1918, avec la mort des deux dernières Sœurs jansénistes, voyait la fin de la Congrégation de Sainte-Marthe.

CHAPITRE XI

Mère Melthide, supérieure de Sainte-Marie Organisation de la nouvelle Congrégation.

La nouvelle Congrégation de Sainte-Marie desservait quelques hôpitaux et de petites écoles. Elle ne tarda pas à s'occuper de pensionnats destinés aux jeunes filles du monde. Cette innovation fut due, en partie, à l'initiative de M. Poch.

Autre innovation, non moins heureuse celle-là, et qui prouve la stabilité de la Congrégation naissante : le noviciat fut obligé, par suite du grand nombre de ses membres, de quitter la rue du Cherche-Midi, et de s'installer dans le quartier Notre-Dame des Champs, à la rue Carnot, aujourd'hui, rue Joseph-Bara.

C'est là aussi que va venir s'installer la maison mère, qui pendant trois ans était restée à l'hôpital Cochin.

Dans toutes les tractations de ce genre qui avaient pour but de sauvegarder l'avenir de Sainte-Marie, la Mère Melthide montrait le sens pratique des affaires qu'elle avait hérité de ses parents.

Toutefois, n'allons pas croire que la vénérée

Supérieure se laissa absorber par les préoccupations matérielles et financières, au point de négliger, ce qui, après tout est l'essentiel, la formation surnaturelle des âmes.

Elle sut donner aux affaires d'ici-bas le temps qui leur était nécessaire, mais elle eut toujours devant les yeux le but qu'elle s'était proposé en instituant la Congrégation de Sainte-Marie : se sanctifier et sanctifier celles qui se sentiraient appelées vers elle. *Nisi Dominus ædificaverit domum, in vanum laboraverunt qui ædificant eam.* Aussi, la principale des préoccupations de Sœur Melthide fut-elle le choix d'une maîtresse des novices.

Notre vénérée Mère comprenait si bien l'importance et les difficultés de cette fonction! Former progressivement les âmes à la vertu, agir avec tact et délicatesse, laisser les bonnes volontés agir librement sous les mouvements de l'Esprit de Dieu, et toutefois savoir être ferme pour empêcher les exagérations, nourrir les esprits d'une solide et vraie piété, bannir tout ce qui ne serait que pieuseté et sentimentalité, et puis, par-dessus tout, être soi-même un modèle irréprochable pour les Sœurs, se montrer aux autres comme une règle vivante, tel est le rôle d'une maîtresse des novices!

Mère Melthide le sentait bien et le voyait clairement. Elle dut choisir avec beaucoup de prudence, et après de bien ferventes prières. Le ciel d'ailleurs calma ses inquiétudes, et répondit grandement à ses espoirs.

Près d'elle, la Providence avait placé, en la personne de Sœur Augustine, une maîtresse des novices accomplie.

Sœur Augustine, de son nom de famille Mlle Bardel, avait été adoptée alors qu'elle venait de perdre sa mère, par Mère Melthide pendant son supériorat à la Pitié. Notre Fondatrice était encore religieuse de Sainte-Marthe, et pouvait librement disposer de ses biens de famille. Elle en avait profité pour élever à ses frais l'orpheline, et lui faire donner une éducation très soignée.

A seize ans, Mlle Bardel, était entrée à Sainte-Marthe ; mais ne pouvant se faire à l'esprit étroit de cette communauté, elle l'avait quittée et s'en était allée à Londres enseigner le français.

Se sentant tout de même appelée de Dieu, mais incertaine sur le choix de la famille religieuse où elle entrera, elle fait part de ses hésitations à son directeur M. l'abbé Coujon. « Allez à Sainte-Marie », lui répondit aussitôt ce dernier. Mlle Bardel voit dans cette parole un ordre du ciel. Elle rentre à Paris, se présente à Mère Melthide heureuse de recevoir celle qui désormais sera doublement sa fille.

Le temps du noviciat accompli, elle faisait profession, prenait le nom de Sœur Augustine, et devenait, peu après, maîtresse des novices.

Ce qu'elle fut dans ce poste si difficile, un ou deux exemples suffiront à nous le montrer : Un jour la Supérieure Générale, mal informée, adresse à une novice des reproches immérités. La maîtresse ne l'ignore pas, mais pleine de respectueuse déférence pour les Supérieures en qui elle voit les mandataires du ciel, et désireuse de former la novice à la force de caractère et à l'esprit de sacrifice, elle ne dit rien, et se contente de passer au cou de son élève, la croix qu'elle portait sur sa poitrine. Ce simple geste valut plus que tous les discours.

Une autre fois, n'arrivant pas à convaincre une Sœur de ses torts, Sœur Augustine avise une jeune novice, âme simple et généreuse, et lui reproche certaines négligences, dont la responsabilité ne lui incombait pas. L'humble novice répond sans se troubler qu'elle doit être coupable, mais que dans son orgueil elle n'en a pas eu conscience. « Qu'on me donne une pénitence, ajoute-t-elle, je m'efforcerai désormais de ne plus mériter de tels avertissements. La maîtresse des novices la congédie, et sans rien dire regarde simplement, mais fixement la Sœur témoin d'une telle vertu. Celle-ci comprit et s'humilia.

Que de traits analogues pourraient être cités à la louange de celle qui savait si bien, si délicatement diriger les âmes....

La Providence favorisa encore Mère Melthide, en donnant comme Supérieur à la jeune Congrégation de Sainte-Marie l'abbé de la Bouillerie. Il succédait à l'abbé Gaume, qui surchargé d'occupations s'était vu obligé de renoncer à sa charge de Supérieur.

Le choix de M. de la Bouillerie était voulu par Dieu. Malgré leur bonne volonté évidente, les religieuses de Sainte-Marie ne pouvaient que petit à petit se défaire de l'esprit et des habitudes dans

RELIGIEUSE EN COSTUME D'INTÉRIEUR

lesquels on les avait, à Sainte-Marthe, jadis entretenues. Elles ne demandaient pas mieux du reste que de substituer à la piété froide et austère du jansénisme, la piété douce, sereine, et forte cependant de l'Église catholique.

Privées pendant longtemps de s'approcher comme elles l'auraient voulu du sacrement de l'Eucharistie, elles désiraient ardemment connaître la joie des communions fréquentes. Ce changement, cette transformation, tout cela fut l'œuvre de l'abbé de la Bouillerie.

D'une piété tendre, animé d'un grand amour pour l'Eucharistie, il sut faire passer dans l'âme de ses filles ses propres sentiments. L'œuvre était d'ailleurs facile, le terrain bien préparé, et l'ouvrier admirablement choisi !

Mais il restait aux religieuses de Sainte-Marie, un devoir bien cher et bien doux à remplir pour des cœurs devenus profondément catholiques. Mère Melthide s'en acquitta en envoyant au souverain Pontife au nom de ses filles, l'hommage de leur entière et respectueuse obéissance, et M. de la Bouillerie dans un voyage qu'il fit à Rome emporta la lettre suivante.

« Très Saint-Père,

« Les religieuses de la Congrégation de Sainte-Marie, établies à Paris, osent déposer à vos pieds, l'hommage d'une soumission sincère et d'une vénération profonde pour la personne sacrée de Votre Sainteté. Nous remplissons un devoir plus nécessaire pour nous longtemps retenues dans une secte en révolte contre les décisions des Vicaires de Jésus-Christ.

« Rentrées heureusement dans l'unité de l'Église catholique, apostolique et romaine, il nous est doux d'offrir au Père Commun des fidèles, successeur du Prince des Apôtres, ce témoignage de notre entière obéissance dont nous nous étions déjà acquittées d'esprit et de cœur depuis quelque temps par les soins de notre digne archevêque.

« C'est ce qui nous fait espérer que Votre Sainteté voudra bien nous accorder sa bénédiction apostolique que nous demandons avec tous les sentiments que Lui doivent tous les fidèles enfants de l'Église.

« Fasse Jésus-Christ que nous adorons, que donnant de longues années à Votre Sainteté, vous puissiez remplir les justes espérances qu'a fait naître votre exaltation sur la chaire de Saint-Pierre aux acclamations de joie du monde catholique.

« Ce sont, très Saint-Père, les vœux que font de tout leur cœur,

« de Votre Sainteté,

les très humbles et très obéissantes servantes de la communauté de Sainte-Marie.

Mère Melthide,

Supérieure Générale. »

Le pape, Pie IX, répondit à cette assurance de dévouement filial par un bref laudatif en date du 15 août 1847, témoignage de sa paternelle bonté et gage de nouvelles faveurs pour l'avenir de la Congrégation.

« Nos très chères Filles en Jésus-Christ, Salut et Bénédiction apostolique.

« Notre cœur a tressailli d'allégresse dans le Seigneur à la réception de la lettre que vous avez adressée à Notre Sainteté, dans laquelle Nous avons remarqué des preuves non équivoques de votre piété et de votre dévouement à Notre Personne et à la chaire de Saint-Pierre; et ce n'est pas sans une vive joie que nous avons appris, nos très chères Filles, votre abjuration des erreurs jansénistes, et par un bienfait de l'infinie miséricorde de Dieu, votre retour dans l'Église catholique.

« Nous ne cessons de rendre de très humbles actions de grâces au Père des Miséricordes qui vous a trouvées dignes d'un bienfait aussi signalé et voulant vous donner un témoignage de notre Charité Pontificale, Nous sommes heureux de trouver l'occasion de vous notifier que rien ne sera plus agréable pour notre cœur, que de pouvoir vous accorder spontanément tout ce que nous croirons devoir vous être utile et concourir à votre avancement spirituel.

« Nous avons la ferme confiance, nos très chères Filles, qu'avec l'aide de Dieu vous persévérerez dans votre sainte vocation en la fortifiant par des œuvres de piété et de justice, et alors vos bons exemples seront comme un flambeau lumineux qui éclairera ceux et celles qui sont encore dans l'erreur et les ramènera dans la voie de la Vérité et du Salut éternel.

« Recevez donc, comme un gage anticipé de tous les biens célestes, et particulièrement un témoignage de Notre bienveillance à votre égard, la Bénédiction Apostolique que Nous vous accordons avec amour, nos très chères Filles en Jésus-Christ, du plus profond de notre cœur.

« Donné à Rome à Sainte-Marie Majeure, le 15 août 1847 de notre Pontificat la seconde. »

Signé : Pie IX, Souverain Pontife. »

L'attachement de Mère Melthide pour la sainte Église ne faillit jamais; en 1863, elle écrivait avec une foi vive et inébranlable cette profession de foi :

« Au nom de la très sainte Trinité, Père, Fils et Saint-Esprit, je déclare et je proteste hautement que je veux vivre et mourir dans le sein de notre Mère la sainte Église catholique, apostolique et romaine, que je crois tout ce qu'elle enseigne et que je condamne tout ce qu'elle condamne. Je désavoue tout consentement à toutes les idées contraires que le démon voudrait me suggérer. Je prie la très sainte Vierge, ma Mère et ma Patronne, de me défendre; je lui donne ma volonté et je remets mon âme en paix entre les mains de mon Sauveur. »

CHAPITRE XIII

La Maison Mère. — Développement rapide de la Congrégation de Sainte-Marie.

Le 20 mars 1848, la maison de la rue Carnot fut en état de répondre à sa destination. Mgr Affre vint bénir la chapelle et les bâtiments. C'était hélas! la dernière fois que le vénéré prélat paraissait au milieu de sa famille de Sainte-Marie.

Le 27 juin suivant, il était frappé sur les barricades du faubourg Saint-Antoine, en portant des paroles de paix à ses enfants en révolte. Tous le pleurèrent : il était si populaire et tant aimé.

Mais nulle part ailleurs la perte ne fut plus profondément ressentie qu'à Sainte-Marie. Aujourd'hui encore, son souvenir reste vivant chez nous, et sa mémoire bénie. Nous aimons à penser qu'au ciel il est un protecteur pour nous.

La Supérieure Générale de Sainte-Marie ne s'installa qu'en mars 1849, à la maison de la rue Carnot. Le motif du retard en était bien simple : la maison n'était point suffisamment aménagée.

Sans doute le noviciat y était installé depuis un an déjà, mais il avait fallu à Sœur Augustine et à ses novices un grand esprit de mortification pour accepter les incommodités d'une pareille demeure. Tout y rappelait l'étable de Bethléem.

Obligées d'habiter un grenier non plafonné, les novices en faisaient un dortoir, une infirmerie, une salle de communauté. L'été la chaleur était étouffante. Vienne l'hiver : par les jointures mal fermées, la neige pénétrait à l'intérieur. Mais les novices acceptaient en souriant ces croix. « La neige, disait plaisamment Sœur Augustine, est un mol édredon d'un nouveau genre, et que la Providence en sa bonté, envoie aux plus frileuses. » Il faut croire que tout le monde était très frileux, car certaines novices, en leur excès de générosité, ne voulaient point enlever la neige qui s'était posée sur leur lit.

Le mobilier était en rapport avec le logement et se parait d'un même luxe. Comme muraille, un paravant défraîchi, et comme plume dans le traversin et les oreillers un peu de paille.

L'on riait de toutes ces misères, on les supportait gentiment ,en se réjouissant d'avoir à offrir quelque chose à Notre-Seigneur, dans l'intimité des visites au Saint-Sacrement, car la dévotion à la sainte eucharistie va devenir la grande dévotion du jeune noviciat. Comme on est loin de Port-Royal !

L'âme de cette communauté de novices, Sœur Augustine, se voyait en même temps chargée de la direction du pensionnat. Celui-ci avait été définitivement installé rue Carnot.

Sans abandonner ses chères novices, Sœur Augustine s'attacha à ses nouvelles élèves. Elle leur donna tout son cœur, et par son tact, sa délicatesse et sa fermeté, sut préparer pour la vie des jeunes filles accomplies, capables de porter par le monde le bon renom de Sainte-Marie.

D'ailleurs, les fondations de la Congrégation nouvelle ne tardent pas à se multiplier. Jeune grain de sénevé bien faible, et très inaperçu à ses origines, la communauté de Sainte-Marie, malgré les persécutions et les difficultés, voit croître rapidement ses rameaux.

En 1849, s'ouvre la maison des Batignolles, avec une école communale, un orphelinat, un asile de vieillards, un bureau de bienfaisance et un vestiaire. Actuellement encore la maison demeure le centre d'œuvres de la paroisse Sainte-Marie des Batignolles. Les lois sectaires de 1901 ont fait fermer l'école.

En 1852, les Sœurs de Sainte-Marie s'installent sur la paroisse Saint-Ambroise pour recevoir la direction d'une école et d'un bureau de charité. Puis, dans les années qui suivent, ce sont les fondations d'Auteuil, de Billancourt, et de Saint-Étienne du Mont.

Sur ces entrefaites, le vénéré Supérieur de Sainte-Marie, Mgr de la Bouillerie est nommé évêque de Carcassonne. Ce fut un sacrifice bien dur, une séparation bien cruelle pour les Sœurs de Sainte-Marie.

L'abbé Gaume reprend le supériorat qu'il avait exercé précédemment. Il achève la rédaction des règles et constitutions de Sainte-Marie, commencée par son prédécesseur, et la propose le 25 mars 1856 à l'approbation de Mgr Sibour, archevêque de

Paris. Ce titre de Supérieur, M. Gaume le conserva jusqu'en 1857, date de l'assassinat de Mgr Sibour à Saint-Étienne du Mont, et de l'arrivée du cardinal Morlot.

Le cardinal désigne comme nouveau Supérieur son vicaire général, M. Darboy, qui trois ans plus tard, fut promu à l'épiscopat sur le siège de Nancy. Le chanoine Gaudreau lui succéda à Sainte-Marie.

En 1866, la Congrégation de Sainte-Marie franchit les limites du diocèse de Paris. Une fondation eut lieu, cette année-là au diocèse de Cambrai, à Bergues où les Sœurs devaient reprendre un pensionnat et un externat dirigés jusque-là par des laïques.

Mère Melthide voyait avec joie les progrès de sa jeune Congrégation. Mais l'histoire serait partiale et partielle à la fois qui ne ferait voir dans les commencements de cette œuvre que des roses et du soleil.

Comme dans toutes les entreprises que Dieu veut et bénit, Mère Melthide trouva des croix, bien des croix; difficultés pécuniaires, soucis intérieurs et extérieurs, etc. Mais, pour une grande âme comme la sienne, les croix ne la rebutèrent point, elle les accepta, la joie au cœur, et le sourire aux lèvres.

Nous ne pouvons parler ici de toutes ces difficultés. Nous nous bornerons à rappeler celle qui fut une des plus angoissantes et qui eut trait à la reconnaissance officielle de Sainte-Marie par le gouvernement impérial.

La Congrégation de Sainte-Marie n'était point

EXTERNAT SAINTE-MARIE DE LUTON (BEDS) ANGLETERRE

encore reconnue légalement. Un décret d'empire, daté de 1852 permettait aux nouvelles congrégations religieuses de se faire autoriser, pourvu qu'elles adoptent les statuts d'une communauté déjà approuvée, quitte à les réformer dans la suite.

Les Sœurs de Sainte-Marie vivant encore à cette date selon les statuts de Sainte-Marthe, Mère Melthide fit toutes les démarches nécessaires pour obtenir la reconnaissance de son Institut.

Mais les difficultés survinrent... oh! non point du côté du pouvoir civil, mais ce qui surprend davantage, de la part du curé de Saint-Séverin. Oui, du curé de Saint-Séverin, et pour une bagatelle.

Le curé de Saint-Séverin, s'autorisant des services qu'il avait rendus à la Congrégation nouvelle, voulut lui imposer un nom de son choix. Les Sœurs consultées, tiennent avant tout à conserver celui qu'elles avaient reçu et qui prouvait leur filial amour pour Marie. Le curé s'en montra froissé; il fit tant et si bien, suscita de telles difficultés, que les religieuses de Sainte-Marie qui occupaient la maison d'école de Saint-Séverin, durent quitter la paroisse.

Ce ne fut pas sans les récriminations de la population du quartier et les vifs regrets du maire, M. Desgranges. « Nous n'oublierons pas, disait ce dernier à Mère Melthide, les services que vous avez rendus aux pauvres de cet arrondissement, ni le dévouement avec lequel, dans les bons comme dans les mauvais jours, vous avez secondé notre administration pour la distribution des secours, les soins de tous les instants donnés aux pauvres malades et l'instruction donnée aux enfants. »

Le maire faisait allusion aux actes d'héroïsme des Sœurs, qui pendant le choléra s'étaient dévouées auprès des mourants. Trois d'entre elles y avaient trouvé la mort!

Lors de la révolution toute récente, elles étaient montées sur les barricades pour arracher les blessés des mains des insurgés.

Malgré les difficultés suscitées par celui de qui on pouvait le moins les attendre, l'empereur Napoléon III, signait la feuille de reconnaissance officielle de la Congrégation de Sainte-Marie. C'était le 25 juillet 1853 :

« Napoléon, par la grâce de Dieu, et la volonté nationale, empereur des Français, à tous présents et à venir, salut!

« Sur le rapport de notre ministre secrétaire d'État au département de l'instruction publique et des cultes,

« Vu, etc....

« Avons décrété et décrétons ce qui suit :

Article premier.

« L'association des Sœurs de Sainte-Marie, existant à Paris (Seine), rue Carnot, 8, est autorisée comme Congrégation dirigée par une Supérieure Générale, à la charge par les membres de cette Association de se conformer aux statuts approuvés par ordonnance royale du 30 août 1842, pour la Congrégation des Sœurs de la Sainte-Vierge à Saint-Denis (même département), et que les Sœurs de Sainte-Marie ont déclaré adopter.

ARTICLE 2.

« Notre ministre secrétaire d'État au département de l'instruction publique et des cultes, est chargé de l'exécution du présent décret.

« Fait au palais de Saint-Cloud, le 7 juillet 1853.

« Signé : Napoléon. »

Au moment où la Congrégation semblait devoir goûter les douceurs d'une paix bien méritée, le Seigneur qui éprouve ceux qu'il aime, vint de nouveau marquer sa petite famille du sceau de la croix.

Le 18 mars 1860, après une longue et douloureuse maladie, supportée patiemment, s'endormait dans la paix du Seigneur, pleine de bonnes œuvres et de mérites, Sœur Augustine, la maîtresse des novices. Comme sa vie, sa mort, par la sérénité avec laquelle elle l'accepta, fut un sujet de grande édification pour les Sœurs et les novices.

Quelques mois plus tard, Mère Melthide avait la douleur de fermer les yeux à Mère Victoire, son assistante générale, âme d'une exquise bonté, d'un dévouement à toute épreuve et qui jouissait, dans la communauté d'une réputation de sainteté.

Nous ne pouvons avant de terminer ce chapitre,

ne pas souligner un événement d'importance qui arriva vers cette même période.

Au bout de dix ans, spécifie la règle, les religieuses sont appelées à prononcer des vœux perpétuels. Est-ce crainte respectueuse ou simple mesure de prudence? Peu importe, toujours est-il que les Sœurs n'avaient fait jusque-là que des vœux temporaires.

Le 16 août 1863, Mère Melthide, donnant l'exemple, prononçait les vœux perpétuels. Le mois suivant, les professes de Sainte-Marie les prononçaient à leur tour.

Le Seigneur ne se laisse pas vaincre en générosité. Il bénit visiblement les travaux de la Congrégation nouvelle, dont le champ d'action s'étendait chaque jour davantage.

En 1853, les Sœurs de Sainte-Marie n'avaient qu'une douzaine de maisons dans Paris, quelque temps plus tard elles s'installent au diocèse de Cambrai. En 1867, nous les trouvons à Trappes, diocèse de Versailles, puis à Oignies, en Artois. En 1871, trois Sœurs se rendent à Tôtes en Caux, au diocèse de Rouen, cependant que deux autres maisons s'ouvrent à Paris sur le territoire de Saint-Étienne-du Mont, et à Vitry-sur-Seine.

Le petit grain de sénevé était devenu un arbre!

CHAPITRE XIII

Esprit et vertus de Mère Melthide
Sa maladie et sa mort.

La vénérable Fondatrice avait présidé à la formation laborieuse et à l'extension première de son œuvre; mais son action personnelle fut si humble, si cachée, qu'il faut deviner la part de « l'instrument » de la divine Providence, comme elle aimait à se nommer.

Les traits caractéristiques de Mère Melthide, furent, avec l'humilité, la droiture, la simplicité, la constance. De bonne heure imbue des principes jansénistes, elle se rendit à la vérité dès qu'elle la connut. Lui reprochera-t-on la prudente réserve qu'elle montre au début de sa conversion? Ah! certes non! Elle agissait bien plus dans l'intérêt de ses Sœurs que par crainte, car pour elle, entrevoyant les conséquences de sa détermination, elle fit constamment preuve d'énergie et de générosité. Son courage avait sa source dans la prière, la lecture de l'Écriture sainte, des psaumes en particulier.

Dans le gouvernement de la communauté, elle inclina toujours du côté de l'indulgence et de la douceur.

Une de ses filles lui ayant un jour reproché un excès de mansuétude, elle répondit : « Ma fille, quand Dieu me jugera, j'aime mieux qu'il ait à me reprocher un peu de faiblesse qu'une trop grande sévérité. »

« J'ai toujours remarqué en elle, dit une Sœur, un mélange de dignité qui la faisait respecter, et de bonhomie qui mettait à l'aise. » L'acquisition de cette douceur lui avait coûté bien des combats.

Malgré ses nombreuses occupations, elle savait s'intéresser à tout ce qui regardait les Sœurs, et ne dédaignait pas d'entrer dans les détails lorsque leur bien le requérait. La bonne Mère ne croyait pas manquer à sa dignité, en poussant la condescendance jusqu'à apprendre elle-même aux Sœurs à remplir convenablement leurs emplois.

Si Mère Melthide s'occupait avec tant de sollicitude de l'intérêt temporel de ses filles, on peut s'imaginer quels soins elle apportait à la perfection spirituelle de chacune d'elles.

Heureusement douée pour la parole, elle faisait volontiers des instructions, simples et pratiques, dans lesquelles sa connaissance approfondie de l'Écriture sainte se manifestait avec un à-propos remarquable.

Ses sujets de prédilection étaient l'esprit de foi, l'obéissance, la charité fraternelle. On aimera à lire quelques-uns des conseils qui nous ont été conservés : « Ayez toujours une grande droiture dans votre conduite, une grande sincérité dans vos paroles; n'ayez d'autres intentions que celle de plaire à Dieu et agissez toujours sous ses yeux. Surtout soyez fidèles aux petites choses. »

Travailler pour Dieu seul, c'était bien ce dont elle voulait convaincre ses religieuses. Elle écrit à l'une d'elles qui gémissait de voir combien ses efforts étaient peu fructueux : « L'œuvre vous paraît stérile, elle ne peut l'être pour vous ; l'obéissance rend féconds les sacrifices que l'on fait en son nom. »

Peu de temps avant sa mort, parlant des maux causés par la guerre, elle écrivait à l'une de ses Supérieures locales : « Dieu châtie ses enfants parce qu'Il les aime. Tout est grand en Lui ; Il est grand dans ses récompenses, et grand dans ses châtiments. Je pense que toutes vos filles auront bien profité de tant de maux pour faire pénitence et se convertir à Dieu. Profitons des années de chagrin ; le temps passe vite ! Allons, mes filles, animons-nous à la piété et aux bonnes œuvres ; agissons pour Dieu seul ; que la foi serve de fondement à notre édifice ; que le lien de la charité nous unisse les unes aux autres, enfin que le feu de l'amour de Notre-Seigneur s'allume chaque jour davantage dans nos cœurs, afin que nous soyons toutes réunies dans le ciel. »

Entretenir la charité dans les cœurs est son grand souci. Elle insiste, elle encourage : « Allons, mes enfants, du courage, soyons unies ; aimons-nous d'une amitié fraternelle et travaillons avec ardeur à procurer la gloire de Dieu. Je vous quitte en vous laissant bien avant dans le cœur de Jésus où je veux vous trouver, et vous n'en sortirez jamais si vous êtes des religieuses bonnes et ferventes, comme je vous désire. »

Ses efforts ne sont pas vains, puisqu'elle peut écrire : « Je bénis Notre-Seigneur de l'union qui règne entre nous. Où sont l'union et la paix, là est l'esprit de Dieu. »

Comme elle s'effraie la bonne Mère lorsqu'une âme s'éloigne des sacrements : « Vous négligez vos communions, ne voyez-vous pas que c'est un piège du démon ? »

Nous regrettons de ne pouvoir donner dans leur entier les lettres si bonnes, si maternelles et si fortes à la fois, qui savaient relever les courages abattus, guérir les âmes déprimées.

Mère Melthide, trouve le mot qu'il faut et sent la blessure qu'on cache, ceci parce qu'elle aime, qu'elle aime de toute son âme ce cher petit troupeau que Dieu lui a confié. Elle veut pouvoir dire avec Notre-Seigneur : « Père Saint, j'ai gardé celles que vous m'aviez données, et pas une d'elles ne s'est perdue [1]. »

Comme elle s'attachait aussi à montrer le devoir, la beauté de la vocation à celles qui, ne considérant que ce qu'elles sacrifiaient au Christ, oubliaient un peu trop ce qu'elles en recevaient : « Attachez-vous à notre Dieu qui a bien voulu nous choisir entre mille pour être son épouse; il est un époux jaloux de notre cœur, il le veut tout entier. Aimons

(1) Joan., XVIII, 13

COUVENT SAINTE-MARIE A DORCHESTER (DORSET) ANGLETERRE

celui qui nous a choisies. » « Ma chère enfant, écrit-elle à une âme trop extérieure, soyons comme l'Épouse des Cantiques, retirons-nous dans le trou du rocher, c'est-à-dire dans la plaie du côté de Notre-Seigneur. Cette porte est toujours ouverte aux cœurs aimants. Oh! quelle paix et quel bonheur si vous étiez une fois entrée dans ce sanctuaire d'amour! Soyez dans la maison du Seigneur comme un jeune arbrisseau planté sur le bord des eaux courantes, qui porte son fruit en son temps. »

Écrivant à une de ses religieuses qui avait laissé paraître sur sa physionomie les souffrances qu'elle ressentait, elle dit : « Il faut toujours avoir l'air satisfait, avec un visage ouvert, lors même que nous n'en avons aucun sujet.

« Pour parvenir à cela, il faut avoir une grande vigilance sur soi-même; prier et méditer sur nos devoirs. Priez beaucoup, ma chère fille, le bon Dieu vous fera trouver votre fardeau léger; le plus lourd est souvent nous-même parce que nous ne vivons pas assez de l'esprit de Notre-Seigneur, alors le découragement s'empare de l'âme, le corps souffrant et faible succombe. Il faut donc, puisque nous ne sommes que faiblesse nous pencher vers Jésus. Lui seul, peut nous fortifier. Demandez-le Lui, je le ferai avec vous, afin de vous obtenir l'égalité d'humeur et de caractère.

« Il vous a accordé tant de grâces, ce Dieu de bonté, qu'Il vous accordera tout ce dont vous avez besoin je l'espère. Allons, soyez ferme et courageuse, laissez derrière vous ces velléités et ces pensées du diable qui vous passent par la tête, vous donnent cet air d'ennui, et vous ôtent l'énergie dont vous avez si grand besoin. »

« Mère, vous êtes trop bonne », lui avait dit un jour une Sœur qui trouvait que sa bonté était un peu de faiblesse. « La sévérité, dit-elle, ne convient pas dans toutes les circonstances, ni à toutes les âmes, et il y a des cas où il faut savoir être doux avec les faibles. »

Mais, ces cas exceptés, Mère Melthide n'entendait pas que l'on discutât un ordre donné. Ainsi ayant confié la responsabilité d'une maison à l'une de ses filles, celle-ci qui était fort disposée à réclamer, s'attira cette réponse : « Mon enfant, vous avez assez d'énergie pour faire ce que je vous demande, vous reviendrez me voir une autre fois. »

Le désintéressement de la chère Fondatrice était extrême. Et si l'on considère les embarras financiers contre lesquels elle eut à lutter toute sa vie, on conviendra qu'il lui fallait avec une solide vertu, une grande confiance en la Providence.

Ce désintéressement se manifesta surtout dans l'admission des sujets auxquels, avant tout, elle demandait une bonne vocation. Un trait bien caractéristique nous en donnera une idée.

Une jeune fille, l'aînée de douze enfants, venait de faire son entrée à Sainte-Marie, accompagnée de ses parents. C'était en 1864. La bonne Mère, alors trop âgée, ne sortait plus de sa chambre et avait confié la réception des postulantes à la maîtresse des novices. Néanmoins, elle demanda à voir ce père et cette mère qui, si généreusement, donnaient leur aînée au Seigneur.

Après de bonnes paroles, elle les félicita d'avoir le bonheur de donner leurs prémices à Dieu et ne les renvoya qu'après les avoir bénis en disant : « que le Dieu d'Abraham, d'Isaac, de Jacob, Père, Fils et Saint-Esprit, vous bénisse et vous garde dans toutes vos voies. »

Les parents se relevèrent consolés, ils avaient reconnu les paroles dont ils se servaient pour bénir leurs enfants au jour de la première communion.

Cette jeune fille, loin d'être fortunée, n'avait apporté que son trousseau à la communauté. Elle possédait une petite somme, il est vrai, placée jusqu'à sa majorité, mais la bonne Mère, quand le temps fut venu de la retirer, l'envoya aux parents de la novice. Et cela au moment où les difficultés financières se compliquaient toujours davantage pour la Congrégation.

L'intérêt qui la portait à se dépenser sans compter pour les âmes de ses filles, s'étendait encore à tous les besoins, à toutes les souffrances, morales et physiques ; aussi quels soins n'apportait-elle pas dans la formation des ouvrières qu'elle envoyait à la vigne du Seigneur.

Mère Melthide excellait à découvrir et à développer les aptitudes spéciales des religieuses. Elle appropriait ses conseils à leurs diverses fonctions.

Écoutons les paroles qu'elle adresse aux Sœurs chargées de l'école maternelle, à celles qui devront rester près du vieillard fatigué et bien souvent aigri, ou auprès des malades et des pauvres :

« Ma fille, dit-elle à une Sœur d'asile, soyez heureuse que le Bon Dieu vous donne ces jeunes âmes à cultiver; c'est un terrain neuf. » Et elle expliquait comment, dans ces cerveaux encore tendres, les bonnes impressions se gravent et gardent longtemps la première empreinte.

Mère Melthide précise, dans la règle de son institut que « les Sœurs se considéreront auprès des enfants qui leur sont confiés, comme les coopératrices de Notre-Seigneur et se rappelleront souvent qu'étant la partie la plus aimée et la plus délicate de son troupeau, il faut les entourer du même amour et de toutes les attentions que Jésus et Marie auraient eus pour eux. »

Les Sœurs doivent aimer l'enfant et chercher à s'en faire aimer; cela est nécessaire pour sa bonne formation. L'affection est un besoin de l'enfance, mais « elles ne retiendront rien pour elles de cette affection car l'influence que l'on exerce dans ces sortes d'amitiés fausse le sens moral, éteint dans les âmes des enfants le goût de la piété, des études et du travail. »

Notre Mère Melthide avait pour les élèves plus grandes une expérience acquise par les dix-sept années pendant lesquelles elle avait fait la classe. La prière, le travail, étaient en honneur parmi ces jeunes filles à qui elle montrait souvent comme modèle la « femme forte » de l'Écriture.

Elle recommandait aux maîtresses de classe, de

tenir les élèves en garde contre cette sensibilité naturelle trop commune chez la femme et qui la porte souvent à ne vivre que d'impressions ou de sentiments. Si leur raison est éclairée par la foi, aidée par la grâce, elles seront plus tard des femmes vertueuses dont la force d'âme sera à la hauteur des épreuves qu'elles peuvent avoir à subir.

Si Mère Melthide applique ses religieuses à prémunir les jeunes filles dont elles ont la charge contre ces sensibilités exagérées qui dépriment la volonté, combien plus encore a-t-elle soin de recommander à ses Sœurs de ne pas laisser croître dans leur propre cœur des sentiments analogues.

« Dans l'éducation si difficile des enfants, dit-elle encore, elles se tiendront bien unies à Notre-Seigneur, sous la protection de Marie Immaculée, afin d'arriver à s'élever au-dessus de tout ce qui est humain et à ne faire aimer aux enfants que les plaisirs purs, les joies véritables qu'on ne rencontre que dans la piété et l'accomplissement du devoir. »

Les malades et les pauvres sont l'objet de sa sollicitude. Elle s'étend à leur sujet avec amour, et il est dit dans la règle que « la divine Providence, voulant se servir des Sœurs de Sainte-Marie pour soigner les malades, celles qui sont appelées à remplir cette sublime fonction doivent se revêtir, selon le langage de l'Apôtre, des entrailles de Jésus-Christ, afin d'accomplir dans toute leur étendue les devoirs de la charité chrétienne envers ceux qui leur seront confiés.

« Compatissant aux souffrances des pauvres

malades dont elles seront chargées, elles supporteront avec une patience invincible la mauvaise humeur que la souffrance cause quelquefois. Elles témoigneront en toutes occasions le plus grand empressement à procurer tous les soulagements désirables, et à donner les consolations les plus propres à soutenir la faiblesse.

« Toutes dévouées au service des malades, en la personne desquels elles considéreront toujours Jésus-Christ, et comme Marie, leur modèle et leur patronne, plaçant au-dessus des plus grandes prérogatives celle de servantes de Notre-Seigneur, les religieuses de Sainte-Marie ne trouveront rien au-dessous d'elles et, triomphant généreusement de toutes les répugnances de la nature, elle soigneront, s'il est nécessaire avec le plus grand zèle, les maladies les plus répugnantes, les plus horribles.

« Comme la charité est la plus nécessaire et la plus précieuse de toutes les vertus, les obligations qu'elle impose doivent passer avant toutes les autres; aussi les Sœurs seront-elles toujours disposées à quitter tout autre devoir pour remplir ceux de leur charge.

« Dans les maisons de secours, les Sœurs chargées de recevoir les pauvres à certaines heures du jour, les accueilleront avec bonté et douceur, en se rappelant que c'est Jésus-Christ lui-même qui vient demander des secours en leur personne.

« Elles leur distribueront les aliments, les médicaments préparés avec soin, le linge, les chaussures et autres objets, sans trouble et sans empressement.

Elles parleront toujours avec bienveillance et aimeront à se rappeler ces paroles du divin Maître : « Quiconque donnera en mon nom un verre d'eau froide à ces petits, parce qu'ils sont mes disciples, je vous le dis en vérité, il ne perdra pas sa récompense. »

« Si quelquefois la nuit, on interrompt le sommeil des Sœurs afin de faire exécuter une ordonnance pour une personne gravement malade, elles se feront un bonheur de procurer du soulagement aux pauvres, aux dépens de leur repos.

« Lorsque les Sœurs sortiront pour aller voir un malade à domicile, elles se mettront sous la protection de Jésus et de Marie, les priant de les accompagner dans ces visites, afin que par leur entremise la consolation et la grâce arrivent à ce pauvre malade. En cette auguste compagnie, elles seront modestes, réservées, affables et compatissantes.

« La religieuse qui comprend et accomplit ainsi ses fonctions, non seulement n'y trouve point une occasion de dissipation et de relâchement, mais elle s'en fait un moyen de pratiquer beaucoup d'actes de vertus excellentes et d'acquérir de grands mérites devant Dieu. »

Pendant que la chère Fondatrice, poursuivant l'œuvre qui lui avait été confiée par la Providence, se dépensait tout entière pour le bien spirituel et temporel de sa Congrégation, les années s'accumulaient sur sa tête. La maladie et l'infirmité, compagnes inséparables de la vieillesse, avaient cloué la bonne Mère sur un lit de douleurs.

La diminution progressive de ses forces ne lui permit bientôt plus de soutenir le fardeau qu'elle portait depuis de longues années avec tant de sollicitude et de dévouement.

Il lui en coûtait de renoncer au gouvernement de cette famille bien-aimée pour laquelle elle avait travaillé et souffert avec un si généreux courage. Cependant sa force d'âme ne l'abandonna pas; elle remit au mois de juin 1868 sa démission entre les mains de Mgr Darboy, alors archevêque de Paris.

Ce fut pour ses filles une douleur générale; pour la première fois il fallait élire une autre Supérieure que celle qui était la Mère chérie de toute la Congrégation, et dont les pouvoirs avaient été renouvelés à chaque élection avec un redoublement de joie et de tendresse filiale.

Comme une aïeule vénérée qui compte avec plaisir ses enfants et petits-enfants et les aime davantage à mesure que leur nombre s'accroît, ainsi la bonne et respectable Mère demeura parmi ses filles, s'intéressant à ce qui pouvait contribuer à leur bien, les accueillant toujours avec affabilité, continuant à leur donner des conseils pleins de sagesse en les bénissant avec amour, comme autrefois le patriarche Jacob. Chacune à l'envi s'empressait à la visiter, à lui rendre service, à chercher quelque adoucissement à ses longues souffrances.

Dans les beaux jours d'été, une petite voiture la descendait doucement de sa chambre devant une verte pelouse, dont la vue égayait son paisible

HOSPICE ET CLINIQUE D'AVEUGLES A AMIENS

séjour. Puis, parcourant les allées du jardin, elle aimait à voir les enfants accourir auprès d'elle. Grâce à ce véhicule, elle pouvait encore assister le dimanche à la messe; et, ensuite elle se reposait à l'ombre des grands arbres, une petite table devant elle; les fleurs et la nature semblaient la faire revivre.

Si quelqu'une de ses filles en passant venait la saluer, elle était assurée de recevoir une bonne parole accompagnée d'un bienveillant sourire.

Le divin Maître venait consoler et fortifier cette bonne Mère par sa présence, jusque sur son lit de douleurs. Chaque semaine, et même plus souvent, le tabernacle s'ouvrait, et un pieux cortège accompagnait notre Sauveur vers cette chambre, tant de fois bénie. Là, sur un modeste autel, toujours orné de fleurs et de lumière, le doux Jésus reposait quelques instants.

En s'unissant au cœur de Mère Melthide, Il y répandait les grâces et les joies qu'elle ne pouvait plus goûter aux pieds des autels.

Tandis que les jours s'écoulaient ainsi calmes et paisibles, les douloureux événements du siège, de la Commune vinrent semer le trouble et l'effroi autour du tranquille nid.

Les fédérés, ayant eu plusieurs fois l'avantage, s'arrogèrent tous les droits et commencèrent à s'emparer des maisons religieuses. Après une visite domiciliaire à Sainte-Marie, les Sœurs commencèrent, malgré toute leur confiance en Dieu, à craindre un renvoi subit. Que deviendrait alors la pauvre infirme, incapable de quitter son fauteuil ?

Telle était la question qui angoissait les cœurs. On songea donc à envoyer par prévoyance Sœur Melthide à Cochin, cet établissement étant moins menacé; ce ne fut qu'après bien des instances que cette bonne Mère céda à l'affectueuse importunité de ses filles.

Elle se laissa transporter, revit ces rues quelle ne connaissait plus depuis longtemps, et fut reçue par M. le Directeur avec le plus profond respect.

Environnée de soins et de prévenances, la Fondatrice demeura un mois dans cette maison qui avait été témoin jadis de ses épreuves et de ses pieuses joies, et qui s'édifiait maintenant de son inaltérable résignation.

Elle ne revint à Sainte-Marie que lorsque sa chambre, sinon détruite par l'explosion de la poudrière du Luxembourg, du moins inhabitable, eut été réparée. Son retour fut l'arc-en-ciel après l'orage, il annonçait en effet la délivrance et la paix.

L'aïeule bien-aimée reprit ses douces habitudes et sa place d'honneur au sein de la famille. Le sanctuaire résonna des chants d'actions de grâces. Notre Mère s'unit aux ferventes prières et à la joie de ses enfants, heureuse de la retrouver au milieu d'elles.

Le 17 août de la même année, on fêta le quatre-vingtième anniversaire d'une vie si riche en mérites et en bonnes œuvres.

Plusieurs jours avaient été employés à orner une grande galerie, alors en partie détruite par la catastrophe qui termina le règne de la Commune. M. l'abbé Bayle, notre Supérieur, et Mgr l'Aumônier, se firent un plaisir d'honorer cette fête de leur présence. La bonne Mère fut sensible à toutes les preuves de respect et d'affection qu'elle reçut en ce jour.

Elle exprima sa satisfaction à ses enfants, les encourageant à marcher avec une nouvelle ardeur dans la voie qu'elle leur avait tracée. Puis, s'arrêtant un moment, elle dit avec une admirable simplicité : « Mes enfants, je ne sais plus... » et, s'adressant à M. le Supérieur, elle le pria de continuer.

Monsieur le Supérieur qui jusque-là avait écouté ses avis avec une respectueuse déférence, répondit qu'il n'y avait rien à ajouter à de si bonnes paroles, si ce n'est qu'il souhaitait à notre Mère de vivre encore dix ans au milieu de nous, afin de jouir des nouveaux développements de son œuvre.

Toute la communauté s'étant agenouillée pour recevoir la bénédiction de la révérende Mère, ces Messieurs donnèrent un touchant exemple de simplicité, d'humilité et de respect, en fléchissant également le genou sous cette main vénérable devant laquelle voulut s'effacer la dignité sacerdotale.

On peut croire que l'on ne négligea rien pour conserver une existence si chère. Cependant, malgré tous les soins dévoués dont les filles aimaient à entourer leur Mère, ses souffrances s'aggravèrent. Plusieurs fois, pendant les années 1870, 1871-72, des attaques soudaines firent craindre pour ses jours.

Le 4 novembre 1872, un dernier symptôme fit présager sa fin prochaine. A la suite d'une attaque, un délire intermittent ne lui laissait que par intervalles de courts moments de luciditié. Elle reçut les derniers sacrements. Ce grand acte accompli, Mère Melthide comprit son état et fit avec piété et générosité, le sacrifice de sa vie, priant Dieu d'accepter ses longues souffrances pour l'expiation de ses fautes.

Elle reçut encore le saint viatique, l'indulgence de la bonne mort. Puis, peu à peu, ses forces l'abandonnèrent et elle s'endormit dans le Seigneur, le 9 décembre 1872, à 6 heures et demie du matin. Elle était âgée de quatre-vingt-deux ans et avait soixante et un ans de vie religieuse.

Cette année-là, l'Église célébrait à cette date la fête de l'Immaculée Conception de la sainte Vierge. Ce fut une délicate attention de Marie qui voulait couronner son enfant bien-aimée le jour d'une fête qui rappelait la dévotion pour laquelle elle avait tant souffert, dans le temps où elle était à Sainte-Marthe.

Les chants de joies se mêlèrent aux larmes de regret. Une douce espérance adoucissait les pleurs. N'est-il pas dit : « Bienheureux ceux qui meurent dans le Seigneur! Ils vont se reposer de leurs travaux; car leurs œuvres les suivent! »

Oui, si la divine Providence mit dans le cœur de Mère Melthide assez de dévouement, dans son âme assez de foi et de confiance pour entreprendre une tâche noble, périlleuse, et généreusement remplie, que de mérites Notre Mère a dû présenter aux regards de la cour céleste! et combien sont admirables les récompenses qui l'attendent dans la compagnie des saints!

Cette pensée inondait de paix les âmes, et contemplant ce visage calme et serein que la mort même n'avait pu assombrir, ses enfants faisaient cette prière que notre génération redit avec elles : « O bonne Mère! vous qui nous avez tant aimées, protégez-nous encore du haut du ciel, veillez sur vos enfants, bénissez-les afin que, marchant sur vos traces, et continuant votre œuvre avec une nouvelle ardeur, elles méritent de vous retrouver un jour pour former, dans les bras de Marie Immaculée, cette communauté qui ne devra jamais finir. »

La bonne Mère en mourant laissait à ses filles le testament spirituel suivant que nous donnons presque dans son entier.

« J'aurais beaucoup de chose à dire et à recommander à mes chères filles en Notre-Seigneur. Comme je les ai beaucoup aimées lorsque j'étais au milieu d'elles, je désire leur donner encore des preuves de mon affection. Je recommande à toutes l'union des cœurs. Que le désir de devenir la première n'entre jamais dans votre esprit, cherchez en tout le bien de la communauté. Ne considérez dans le choix ni la naissance, ni l'ancienneté; mais celle qui a le plus de dévouement pour la communauté, un esprit conciliant, charitable.

« Lorsque vous aurez prié comme vos règles vous

le commandent, rendez à celle qui sera élue tout respect et obéissance. Que toute la communauté soit attentive sur les besoins des pauvres, et que l'éducation ne soit pas abandonnée à des filles qui ont peu de vertu, qui ne savent pas se maîtriser elles-mêmes, qui seraient d'un caractère fier et hautain, capables de mépriser les enfants pauvres et qui seraient susceptibles de prédilections. Une bonne Sœur de Sainte-Marie est celle qui a le plus de charité pour les pauvres. »

Reconnaissons dans ces paroles, l'âme et le cœur de notre Révérende Mère : aimer Notre-Seigneur, aimer sa Communauté, se dévouer au service du prochain, telle était sa devise.

Puisse-t-elle encore se souvenir de nous près du trône du divin Maître! Puisse sa barque, sous la conduite de nouveaux pilotes, suivre la route qu'elle lui a tracée à travers la mer orageuse de ce monde!

Puissions-nous être toujours ses dignes enfants : les filles de Sainte-Marie!

CHAPITRE XIV

Mère Marie, seconde Supérieure générale de la Congrégation des Sœurs de Sainte-Marie.

La seconde supérieure de la Congrégation, Mère Marie, était une Parisienne. Elle était née le 11 juillet 1823, septième et dernière enfant d'une famille honorable que les troubles de la Révolution avaient ruinée.

Rose Chevalier fut accueillie cependant avec une grande joie par sa mère. Les familles nombreuses, même à Paris, n'étaient point rares en ce temps-là. Mais hélas! si la famille était honnête, elle était loin d'être chrétienne. Les parents manifestaient assez souvent des marques d'hostilité à l'égard des prêtres.

La petite Rose hérita de cet état d'esprit. Quand elle apercevait une « bonne Sœur », c'était pour lui faire aussitôt une grimace.

Toutefois, la famille n'était pas si hostile qu'on pourrait le croire, car Mme Chevalier cherchait à donner à ses enfants un grand amour de la sainte Vierge, et quand il s'agit de choisir une école, elle envoya ses filles chez les Sœurs de Sainte-Marthe, rue des Bernardins.

A l'école, Rose est remarquée par son esprit bout-en-train et enjoué, l'esprit d'une petite Parisienne!

A l'affection que dès les premiers jours on lui témoigne, Rose répond par sa bonne volonté et sa docilité. Petit à petit elle sent grandir en elle un véritable amour pour celles à qui naguère elle faisait de narquoises grimaces.

De plus, elle a le grand bonheur de trouver sur sa route un prêtre zélé et pieux, M. l'abbé Massat qui achève d'amener au bon Dieu une âme que l'ignorance seule éloignait.

Rose sût profiter de ces grâces de choix, tant et si bien, qu'un beau jour elle fit part à ses parents de son désir d'entrer à Sainte-Marthe. Nos lecteurs devineront facilement comment la nouvelle de cette vocation dut être reçue dans le milieu familial.

On essaya bien de détourner Rose de son idée : menaces, supplications, rien n'y fit, la jeune fille entrait à Sainte-Marthe en 1843.

1843! C'était l'année de la scission des religieuses. Bien vite Rose a fixé son choix, elle opte pour les Sœurs de Sainte-Marie qui l'acceptent comme postulante.

Le 11 novembre de la même année, elle prend l'habit. La jeune novice est aussitôt envoyée à la maison des « jeunes Aveugles », dont Sœur Denise est la Supérieure.

Cette dernière remarque les qualités intellectuelles de la nouvelle venue, et lui confie comme marque de confiance, les fonctions de secrétaire et d'économe.

Signalons que la jeune novice n'aimait pas à faire la cuisine. Ses parents avaient cru bon d'en avertir la Supérieure Générale. Celle-ci les avait remerciés très aimablement et toute heureuse d'avoir trouvé un moyen de briser, ou plutôt de former la volonté de Sœur Rose, elle décida de la mettre immédiatement au service de la cuisine.

La novice qui s'appellera désormais Sœur Marie, s'y prêta de bon cœur, mais que de répugnances instinctives elle eût à vaincre ! Plus tard elle sourira d'avoir à si bon compte acquis la vertu d'abnégation.

Mais le démon veille de son côté. Ce n'est point sans dépit qu'il voit le progrès des âmes dans la vertu. Aussi essaie-t-il de les tenter, en cherchant le point faible.

Le point faible chez Sœur Marie est une attache trop humaine de son cœur aux créatures qui vivent près d'elle. Oh! rien de grave sans doute, mais disposition qu'un esprit vraiment surnaturel doit combattre.

Heureusement le directeur de la novice se trouve être M. l'abbé de la Bouillerie. Il a entrevu tout de suite les tendances à réformer. Il s'y emploie : avis, remontrances, en public quelquefois, lettres de direction, il se sert de tous les moyens pour transformer les inclinations de la nature en affections surnaturelles, et il y réussit.

L'année de noviciat écoulée, Sœur Marie fut

appelée à émettre les saints vœux. Nul ne peut douter des sentiments d'ardeur et de générosité qui l'animèrent ce jour-là.

La jeune professe fut nommée à l'école de Saint Étienne du Mont pour y faire la première classe. Faire la classe était plus dans les goûts de Sœur Marie que de faire la cuisine, et convenait mieux à ses aptitudes.

Elle se donne donc de tout cœur à l'œuvre où on l'appelle et pour laquelle elle se sent tant d'attraits. Toutefois, loin de se laisser captiver par les études qu'elle dirige, elle se possède suffisamment pour se rappeler que l'œuvre de sa sanctification est l'œuvre primordiale, nécessaire avant tout.

Nous avons en effet de Sœur Marie une sorte de directoire à l'usage d'une maîtresse de classe, qu'elle avait composé pour son usage personnel. Rien n'y est omis de ce qui peut contribuer à la sanctification des plus humbles devoirs d'une maîtresse.

Sœur Marie ne reste que trois ans rue des Bernardins, ses Supérieures ont vite fait, pendant ce laps de temps, de voir qu'elle peut davantage.

L'abbé Heuqueville, curé de Sainte-Marie des Batignolles vient justement de construire une école. Aussitôt on y envoie Sœur Marie comme directrice. Sous une pareille maîtresse, l'école devient vite florissante.

Mais ce que recherche surtout la jeune directrice, c'est la formation chrétienne et la persévérance des élèves qui lui sont confiées.

Aussi pour elles, elle crée un patronage, chose assez rare à l'époque, une Association d'Enfants de Marie, et « la petite œuvre » des jeunes filles pauvres destinée à les protéger des séductions du monde, et à leur assurer l'aide et le secours des personnes fortunées.

Directrice, Sœur Marie le reste cinq ans, au bout desquels elle se voit confier la charge de Supérieure de la même maison. C'est pendant cette période qu'elle fonde l'orphelinat qui, en moins d'une année, en dépit de la modicité des ressources comptait déjà plus d'une vingtaine d'élèves.

Malgré les occupations multiples que crée à une religieuse la charge de supérieure, Sœur Marie sait suffisamment être maîtresse d'elle-même et de son temps pour trouver le moyen d'avoir une vie intérieure intense, et de montrer aux religieuses sous ses ordres, l'exemple de la fidélité à tous les points de la règle.

On n'aura point de peine à comprendre la peine qu'elle dût ressentir quand, le 20 août 1868, la Providence l'appela au poste de Supérieure Générale.

Il lui fallait quitter la maison des Batignolles, où elle avait goûté tant de joies, et de secret bonheur. Elle sut cependant trouver dans son grand esprit de foi, la force d'accepter la croix qu'on imposait à ses épaules. C'était bien une croix.

Un des premiers actes de la nouvelle Supérieure Générale fut de construire une chapelle plus belle et plus spacieuse. Les Sœurs surent son désir et lui offrirent pour sa fête, le plan de la chapelle tracé avec des pièces d'or qui devaient fournir les premiers fonds pour la construction.

Mais, voici qu'à l'horizon, du côté de l'Est, des nuages menaçants s'amoncèlent. La Prusse s'agite. Il y a des bruits de guerre dans l'air. Bientôt c'en est fait.

De victoire en victoire, malgré l'héroïsme des petits soldats français, l'Allemand s'approche de Paris. Le 11 septembre 1870 la garde nationale s'installe dans le jardin de la maison mère. Le 19, la grande galerie du pensionnat est transformée en ambulance. Et voici que l'ennemi tire sur Paris. « Beaucoup de morts et de blessés, écrit Mère Marie. Pauvres soldats! C'est une véritable boucherie! quelle chose horrible que la guerre! »

Et pourtant, la grande âme de Sœur Marie ne faiblit pas. Les privations, conséquences fatales du siège, se font sentir. Les vivres manquent. La bonne Mère s'ingénie à composer des menus, quels menus!

A M. Raspail, médecin de l'ambulance, qui voulait faire évacuer Sainte-Marie, elle répondit tranquillement: « La sainte Vierge nous gardera ». La sainte Vierge garda bien en effet sa petite communauté, car si deux obus tombèrent sur la propriété et y causèrent beaucoup de dégâts matériels, ils ne firent mal à personne.

Enfin, le 27 janvier 1871, l'armistice, un armistice de vingt-cinq jours est signé; mais hélas! à la guerre avec l'étranger succéda la guerre civile.

VUE D'ENSEMBLE DU COLLÈGE FRANCO-ANGLAIS. — MEXICO (MEXIQUE)

M. Bayle, Supérieur de la communauté est arrêté le jour de Pâques.

Femme de jugement sûr et de décision prompte, Sœur Marie prend immédiatement le parti d'installer à Trappes, avec l'orphelinat, la maison mère de Sainte-Marie. Quant au noviciat, elle pensait l'abriter aux Gatines, tout près d'Elancourt.

Les jours de la Commune devaient s'achever dans le feu des incendies, et le sang de nobles victimes, au nombre desquelles nous saluons Mgr Darboy, archevêque de Paris, et M. Deguerry, curé de la Madeleine. Le vénéré M. Bayle avait pu échapper à la mort. Aussi, lorsque le calme revenu, Sœur Marie revint à Paris, sa première visite fut pour le Supérieur de la communauté.

A tant de tristesse va s'ajouter pour notre Mère le souci de relever la maison de la rue Carnot. La pauvre maison mère a bien souffert de l'explosion de la poudrière du Luxembourg, et des pillages répétés. Mère Marie, en femme forte, courageuse et confiante en la Providence, se met de tout son cœur à l'œuvre.

D'ailleurs, si les croix et les ennuis ne manquent pas, les joies abondent et bien consolantes : joie de la communauté qui prospère et multiplie ses fondations à Paris sur la paroisse Saint-Ferdinand des Ternes, en province à Oignies, à Senlis, à Cadillac, à Villecresnes, à Neauphle-le-Château, à Oxelaere, etc. etc. ; joie de la piété des religieuses que se plaît à reconnaître le nouvel archevêque de Paris, le cardinal Guibert ; joie de voir le 29 Mai 1873 la bénédiction de la chapelle joie enfin et surtout de recevoir en date du 16 juin 1875, l'approbation par le pape Pie IX de la Congrégation des Sœurs de Sainte-Marie.

Aussi quand revint, suivant les Constitutions, l'élection de la Supérieure Générale, personne ne fut surpris — sauf Mère Marie elle-même — de la voir élue de nouveau à son poste pour une période de cinq ans.

Cette seconde phase de son supériorat fut marquée pour elle du sceau de la souffrance : les privations endurées pendant la guerre et la Commune, les soucis d'une communauté à diriger dans les voies du bien, étaient pour quelque chose dans l'état désastreux de sa santé. Toutefois, Mère Marie n'était point de tempérament à s'écouter elle-même.

Pour toutes ses filles elle veut réaliser la belle devise : *dux utinam exemplar* « chef, puissé-je être aussi un exemple. » Elle s'efforce de réaliser par sa vie, par sa joie devant la souffrance, le modèle de la femme forte.

On comprend alors le prestige et l'autorité dont Mère Marie jouit sur sa communauté, et avec quel empressement on doit suivre ses conseils. « Que sont devenues, écrit-elle à une religieuse qui gémit, vos résolutions d'autrefois ?... Ne nous plaignons pas de dépenser nos forces et notre santé, s'il nous en reste quelque peu, pour gagner des âmes au doux cœur du Bon Maître. »

Elle va plus loin, et exige de ses religieuses qu'en

face des occasions crucifiantes, elles disent un merci très généreux. « Vous paraissez triste, ennuyée, écrira-t-elle.... je comprends que votre mission n'a rien d'agréable, n'en devons-nous pas remercier Dieu qui nous a appelées à travailler à sa gloire? »

A M. Bayle, avait succédé comme Supérieur M. Legrand, curé de Saint-Germain l'Auxerrois. Homme de grande générosité, mais dont le temps était absorbé jusqu'à la moindre minute, M. Legrand ne put s'occuper, comme il l'aurait désiré, des intérêts spirituels de là communauté.

Aussi, au bout de quelques années il chercha un remplaçant, un homme selon le cœur de Dieu, M. l'abbé de Courcy, dont la nomination fut accueillie avec une vive satisfaction.

Élue Supérieure Générale une troisième et une quatrième fois, Mère Marie devait conserver ce titre jusqu'au jour de sa mort.

Il semble que Dieu se soit plut à augmenter, avec les dernières années, le nombre et le poids des croix de notre Mère bien-aimée. Nous sommes en 1879, une loi scolaire récemment promulguée oblige toutes les institutrices à se munir de brevets sous peine d'être révoquées dans un délai de quinze jours.

Prétexte que tout cela! car voici qu'en août de la même année l'école de la rue des Boulangers est laïcisée.

Vienne l'année 1880 et de nouveaux décrets paraissent : toutes les écoles congréganistes de Paris seront fermées, écoles communales tout au moins. L'enseignement privé est heureusement autorisé encore! Aussi, Mère Marie profite-t-elle de cette tolérance pour ouvrir quelques écoles libres : à Bordeaux et à Écouen, pour ne parler que des établissements les plus importants.

Plus tard des fondations nouvelles marqueront la vitalité et les progrès de la Congrégation de Sainte-Marie qui s'installera jusque sur les frontières d'Espagne, à Saint-Palais.

Une nouvelle bien douloureuse pour le cœur de Mère Marie fut la laïcisation de l'hôpital Cochin. Cet hôpital avait été le berceau de la Congrégation : à ses murs, à sa chapelle s'attachaient tant de souvenirs! Et pourtant les religieuses durent se résigner. Le 21 décembre, elles quittaient Cochin, et se retiraient, suivies de quelques malades, à la maison de Bon-Secours.

Bon-Secours venait d'être fondé, quelques années auparavant par le vénérable M. Carton, curé de Saint-Pierre de Montrouge, qui y avait établi les religieuses de Sainte-Marie.

Nos Sœurs ne devaient faire qu'une courte apparition dans cette maison de santé. En effet, en date du 22 septembre 1887, le saint cardinal Richard, successeur du cardinal Guibert sur le siège de Paris, demandait aux Sœurs de Sainte-Marie de céder la place aux Augustines de l'Hôtel-Dieu.

« Ce n'est point, ma chère fille, écrivait-il à Mère Marie, le désir de remplacer vos Sœurs par d'autres religieuses qui me fait agir. C'est, je crois, la volonté de Dieu qui est manifestée par ces circonstances, aussi je ne me sentirai que plus obligé à aimer votre

Congrégation et à la soutenir, puisque je lui demande un sacrifice.

« Les Augustines de l'Hôtel-Dieu n'ont point de maison à elles d'après leurs Constitutions, elles sont attachées uniquement à mes hôpitaux de Paris. Je les recueillerai dans le seul hôpital que je puisse leur offrir. »

Avec un grand esprit de foi et de désintéressement, Mère Marie accéda bien volontiers au désir du saint cardinal, et invita aussitôt les religieuses de l'Hôtel-Dieu de venir se mettre au courant des services de Bon-Secours.

Et cela se passait au moment où les Sœurs de Sainte-Marie étaient renvoyées de la Maison des Jeunes aveugles, laïcisée elle aussi à son tour, et où plusieurs des écoles dirigées par elles, étaient menacées dans leur prospérité ou même dans leur existence.

Aussi comprendra-t-on sans peine que toutes ces tristesses aient eu leur répercussion sur la santé déjà bien chancelante de Mère Marie.

Épuisée par les fatigues et les soucis, notre Mère vit cependant avec résignation venir la maladie avec son triste cortège de souffrances et de langueurs. Bientôt elle fut atteinte de congestion pulmonaire.

Alors, sentant que l'heure suprême allait sonner elle demanda les derniers sacrements, et les reçut avec une grande piété, entourée des prières et de la vénération de ses filles.

Elle s'endormait dans la paix du Seigneur. C'était le 28 janvier 1889.

CHAPITRE XV

Mère Marie-Valentine

Le chapitre précédent nous a montré les accroissements successifs de la Congrégation de Sainte-Marie ,sous la ferme autorité de Mère Marie.

Mère Marie-Valentine qui fut appelée à lui succéder, n'eut d'autre désir que de continuer son œuvre. Elle la continua en effet, mais elle trouva elle aussi plus de croix que de roses.

Mère Marie-Valentine, Zénaïde Hameau, était née à Vaudoy (Seine-et-Marne), le 23 septembre 1833. Elle fit ses premières études chez les Sœurs de Sainte-Marthe, sous la direction de Sœur Augustine qu'elle devait plus tard retrouver comme maîtresse du noviciat.

Admise à la profession le 2 juillet 1855, elle était envoyée au pensionnat de Vitry, pour s'occuper de la première classe. Elle n'y reste qu'un an, revient à la maison mère où on la charge pendant cinq ans de la seconde classe, retourne à Vitry, et de nouveau, mais définitivement est appelée à la rue Carnot où on lui confie la direction du noviciat.

Maîtresse des novices, elle s'ingénie à cultiver, à développer dans les âmes qui lui sont confiées la vraie et solide piété et à les mettre en garde contre la sentimentalité.

Devenue plus tard économe générale, Mère Marie Valentine montra au grand jour ses remarquables qualités d'initiative et d'intelligence pratique.

La guerre de 1870 vient d'éclater. C'est à l'économe qu'il incombe de nourrir toute la communauté. Malgré les difficultés du ravitaillement, l'économe sait assurer la subsistance de plusieurs centaines de personnes.

Elle se voit même, Mère Marie étant partie pour Trappes, chargée de surveiller et de diriger la maison mère. Avec un grand sang-froid et beaucoup d'énergie, elle sait présider aux destinées de la maison et tenir tête à tous les orages. Elle ne tremblera ni devant les menaces des communards, ni devant les désastres qu'amènent les fléaux de la guerre.

Un jour, elle apprend que la poudrière du Luxembourg va sauter : à d'autres de se sauver à la cave; quant à elle, elle ne bouge pas, et le plus tranquillement du monde reçoit plâtras et pierres sur sa tête et ses vêtements.

La paix revenue, Sœur Valentine se mit à parcourir la France, fondant de nouvelles maisons, rétablissant celles que la guerre avait endommagées ou détruites. Ce genre d'activité plaisait beaucoup à l'économe.

En 1899, la volonté de Dieu et la confiance des Sœurs la plaçait à la tête de sa chère Congrégation.

La nouvelle Supérieure Générale s'attacha à inculquer dans l'âme des Sœurs aux conférences spirituelles qu'elle leur prodigue, l'esprit de renoncement. Que les religieuses, « c'est là l'idée maîtresse de ses instructions », sachent se détacher d'elles-mêmes, de leurs désirs, de leur manière de voir, des élans de leur volonté, pour se soumettre et se plier aux mille prescriptions de la règle. « La fidélité aux petites choses, dit-elle, est le parfum dont les moindres de nos actions doivent être imprégnées. »

Toutefois, cet esprit de renoncement que Mère Marie-Valentine voulait voir naître et croître dans l'âme de ses religieuses, et qu'elle-même possédait à un rare degré, ne l'empêchait point de donner à ses filles, des marques de grande délicatesse et d'affection.

Pour consoler, encourager les Sœurs, elle ne craint point de multiplier les lettres et correspondances de toute sorte. Vienne une circonstance comme celle du quatre-vingtième anniversaire d'une des religieuses, elle trouvera mille moyens pour ne pas laisser inaperçue la date de ce joyeux événement : quatre-vingts roses autour de la stalle de la vénérable octogénaire, grand'messe, fête de famille.

Un autre trait nous peint sur le vif la bonté toute maternelle qui anime la chère Supérieure à l'égard de sa communauté. Sentant combien quelquefois la solitude est pesante surtout pour les religieuses qui vivent éloignées de la maison mère, dans le fin fond d'une lointaine province, elle institue les lettres d'union qui feront partager entre les membres de la famille de Sainte-Marie et leurs faveurs surnaturelles, et leurs joies et leurs peines.

Pour ses chères novices elle achète une maison à la campagne. Elle leur permettra ainsi de quitter Paris pendant deux mois et de connaître les bienfaits d'un repos mérité, et d'un calme bienfaisant.

A tant de délicate bonté, les religieuses, les novices répondaient par leur sincère affection et mille prévenances filiales. Un jour, de passage dans une maison succursale, Mère Valentine écrivait : « Je rencontre trop d'affection, d'égards en ce qui me concerne, pour être absolument tranquille. Nos Sœurs sont excellemment bonnes et cherchent à m'être agréables en toutes choses. » Ce que Mère Valentine disait de quelques religieuses, elle eût pu le répéter de toutes les autres.

Le grand cœur de Mère Marie-Valentine n'était point ouvert aux seuls membres de sa Congrégation. Sa charité n'avait pas de bornes. Elle s'intéressait aux missionnaires, qu'ils fussent Maristes ou Pères du Saint-Esprit, et suscitait en faveur de leurs missions de larges aumônes.

En 1895, elle prend sous sa protection les religieuses basiliennes, chassées de la Pologne leur patrie, puis expulsées de leur couvent d'Italie.

Pour compléter ce portrait que nous aimons à tracer de la troisième Supérieure Générale de Sainte-Marie, il serait bon d'insister sur l'esprit de foi qui la poussait à prendre un soin tout particulier de la bonne tenue de la chapelle, et de la splendeur des offices. Jamais elle n'était aussi heureuse que lorsque le saint cardinal Richard ou le nonce apostolique, Mgr Lorenzelli, venait présider quelque cérémonie solennelle à la chapelle.

Alors, elle s'occupait de l'ornementation, elle voulait à l'autel des fleurs naturelles et un luminaire bien disposé, elle prévoyait les chants à exécuter. Elle exigeait que tout, jusqu'au moindre détail, fût très soigné et digne du bon Dieu.

Vraiment notre Mère aurait pu faire sienne la devise du psalmiste : *Domine, dilexi decorem domus tuæ...* Seigneur, j'ai aimé la beauté de votre maison. »

Les cérémonies de vêture et de profession étaient très souvent présidées par M. l'abbé Poudroux, chanoine honoraire et chancelier de l'archevêché, qui fut près de trente ans, de 1889 à 1918, le conseiller, le guide, le père très dévoué de la Congrégation. Son souvenir est inoubliable, ses instructions mensuelles, tirées toujours de l'Ancien Testament ou des Épîtres de saint Paul, restent gravées dans la mémoire et le cœur de celles qui ont eu le bonheur de les entendre.

Nous ne pouvons parler des solennités de la chapelle, sans placer ici un souvenir ému et reconnaissant pour M. le chanoine Goislot qui fut l'aumônier de Sainte-Marie pendant plus de quarante ans. La Congrégation et plusieurs générations d'anciennes élèves du pensionnat (fermé en 1906), n'oublieront jamais ce prêtre simple, humble, dévoué et si pieux ! A quatre-vingt ans, revenant de

Lourdes à 11 heures du matin, il arrivait en hâte célébrer sa messe en dépit des fatigues du voyage; ce simple trait suffit pour montrer s'il marchait de pair avec Mère Marie-Valentine, pour donner toute leur splendeur aux cérémonies du culte!

Nous avons dit que les épreuves ne manquèrent pas à Mère Marie-Valentine et que les croix et les épines ne lui furent point épargnées. Ce furent les deuils : la mort vint enlever plusieurs des religieuses qui, jeune novice, l'avaient accueillie jadis à Sainte-Marie. La laïcisation des maisons religieuses continue : rue Legendre, rue Gauthey, Auteuil, Winnezelle, Meteren, etc.

Une nuit les Sœurs furent réveillées soudainement par l'incendie d'un immeuble voisin. Tout était en flamme du côté de la chapelle qui se trouvait menacée ainsi que le magasin et le séchoir dont les murs étaient mitoyens au foyer de l'incendie. Vite on s'occupa de soustraire aux flammes tout ce que l'on put. Cependant, malgré les efforts des pompiers, le feu faisait des progrès, lorsque soudain, à leur grand étonnement, il s'arrêta aux pieds d'une statue de Marie, adossée au mur du séchoir. Une fois encore, la Mère avait sauvé ses enfants et leur prouvait, comme lors de l'explosion de la poudrière du Luxembourg, que ce qu'Elle garde est bien gardé.

Mais de toutes les années de son supériorat, la plus pénible fut certainement pour elle, l'année 1902. C'est à ce moment-là même que Mère Marie-Valentine sent sa vue décliner. Ses yeux, ou plutôt son œil, le seul qu'elle eût de bon, se couvre d'un voile. C'est la cataracte. Notre Mère accepte avec un grand esprit de résignation la croix que Jésus lui apporte. Elle sait fort bien que sa vue lui manquant, il lui sera difficile d'écrire les instructions qu'elle avait l'habitude de faire aux religieuses et aux novices, qu'il lui sera plus malaisé d'envoyer telle ou telle de ces lettres qui étaient pour une Sœur lointaine, un encouragement, une direction.

Qu'importe ? Elle peinera à écrire, mais elle s'y astreindra quand même. L'opération de la cataracte eut lieu deux ans plus tard, mais n'apporta pas grand changement dans l'état de Mère Marie-Valentine.

D'autre part, les écoles congréganistes se fermaient. Les lois qui retiraient aux religieuses le droit d'enseigner, avait été promulguées, et leurs effets sectaires se faisaient sentir.

Les écoles de Saint-Étienne, de Saint-Ambroise, des Batignolles, d'Auteuil, l'école Professionnelle de la rue de Rome recevaient l'ordre d'avoir à fermer leurs portes en quelques jours. En 1903, c'était le tour des pensionnats de Montrouge, de Saint-Augustin, des Andelys, enfin en 1906, de l'externat et du pensionnat de la maison mère.

Inutile de dire quel coup cruel de telles mesures devaient produire au cœur de la Supérieure Générale. Elle trouvait toutefois dans son esprit surnaturel, la force de se résigner. Elle s'apitoyait sur la douleur de ses filles obligées de quitter leurs enfants d'une manière si brutale et si injuste.

Quand elles rentraient à la maison mère, la Supérieure se faisait un devoir d'aller les recevoir à la porte principale de la communauté, et surmontant sa propre douleur, savait trouver pour chacune d'elles, le mot qui console, le baume qui calme la douleur.

Mais les premières difficultés vaincues, Mère Marie-Valentine devait penser à l'avenir de ses Filles. Qu'allaient-elles faire ? Leur vocation avait été de se donner à la grande œuvre de l'instruction des enfants. Fallait-il rompre à tout jamais avec l'idéal qui était la grande raison de vivre des religieuses de Sainte-Marie, sous prétexte que cet idéal ne pouvait plus se réaliser en France ? Ayant prié et mûrement réfléchi, Mère Marie-Valentine pensa que l'on pouvait se tourner vers les pays étrangers.

Justement une délicatesse de la Providence allait lui fournir l'occasion qu'elle cherchait.

Un jour, c'était en 1903, son attention est attirée sur le libellé d'une enveloppe qu'elle vient de recevoir : « Les Sœurs de la Sainte-Vierge ». Mère Marie-Valentine déchire l'enveloppe; la lettre venait d'Angleterre. On proposait à notre Mère la fondation d'une école catholique à Dorchester.

L'hésitation ne parut pas possible, tellement l'indication de la Providence se faisait nette.

Le 19 octobre 1903, quelques religieuses se rendaient à Newport, auprès des Sœurs de Saint-Joseph d'Annecy, et après quelques mois d'études de l'anglais, s'installaient à Dorchester. L'école devait devenir si prospère et si sympathique aux catholiques et aux protestants, que bientôt s'y adjoignait un externat. Le plus heureux des résultats de cette fondation est le suivant : le nombre des catholiques a considérablement augmenté depuis vingt ans à Dorchester!

1905! année des élections à Sainte-Marie pour le renouvellement du mandat de la Supérieure Générale.

Nous avons dit plus haut les infirmités qui accablaient notre chère Mère Marie-Valentine, depuis plusieurs années. Aussi demanda-t-elle à déposer le fardeau du gouvernement.

S'inspirant de la prière de saint Jean de la Croix, elle ne voulait point mourir supérieure, mais être toute entière à elle-même pour se préparer à la mort, à l'éternité. Ce qu'elle avait désiré, notre Mère l'obtint : entourée de l'affection et du respect des Sœurs et des novices, elle connut une vieillesse très douce, et très paisible. Pour exprimer les sentiments de saint abandon qui l'animait, une de ses filles écrivait :

Tout ce que vous voudrez, mon Dieu, c'est ma prière
Partir pour votre ciel, m'attarder sur la terre,
Jouïr de vous, souffrir pour vous, vivre ou mourir
Ne pas le devancer, mais courir à mon Père
Aussitôt qu'il m'aura fait signe de venir.

Ce signe, Dieu le fit le 28 décembre 1905.

ORPHELINES DE L'ASILE MIGUEL LAUR[illegible] — MEXICO (MEXIQUE)

CHAPITRE XVI

Mère Marie-Alexandrine.

C'est dans les plaines de la Beauce, près de Chartres à Illias que naquit, le 11 mars 1846, Mère Marie-Alexandrine qui succéda à Mère Marie-Valentine comme Supérieure Générale de Sainte-Marie.

Elle commença ses études chez les religieuses de Saint-Paul de Chartres et, à la mort de sa mère vint habiter à Paris près d'un oncle. Le 9 mai 1866, elle entrait comme postulante à Sainte-Marie.

Une piété douce, une grande humilité, avec je ne sais quoi d'exquis, de délicat, lui gagnèrent vite le cœur de ses compagnes. Le 8 décembre de la même année, elle prenait l'habit et était appelée à la profession le 21 novembre 1868.

Envoyée au pensionnat de Vitry, elle y reste cinq ans, séjourne à Oignies pendant le même laps de temps, est rappelée à Paris et nommée Supérieure du pensionnat-école de la rue Lemercier.

En vertu des lois sectaires, l'école est fermée en 1902. Libre, on envoie Sœur Alexandrine comme Supérieure de la maison de Vitry. A son tour cette dernière est obligée de licencier ses élèves en pleine année scolaire 1903. Force est donc à Sœur Alexandrine de rentrer à la maison mère. Elle y passa deux années de silence et de retraite (son âge d'or, dira-t-elle plus tard).

Elle espérait bien que cette solitude se pourrait encore prolonger, mais aux élections de 1905, le chapitre l'appella à la charge de Supérieure Générale. La plus surprise et la moins enthousiasmée, en apprenant cette nouvelle, c'est bien Sœur Alexandrine. Elle accepte néanmoins, malgré les difficultés qu'elle entrevoit, et les croix qu'elle soupçonne.

Ces croix, hélas! ne lui vont pas manquer.

La « bonne Mère », comme on aimait à l'appeler, devra subir l'épreuve de voir toutes les dernières maisons d'éducation de Sainte-Marie se fermer les unes après les autres.

Alors un grand problème se pose à l'esprit inquiet de Mère Marie-Alexandrine : que faire de toutes les religieuses qui reviennent à la maison mère ? Où et comment employer des forces toutes prêtes, à se dépenser au service de l'Église ? Une première maison avait été établie en Angleterre; sur le conseil et avec la haute approbation de Mgr Amigo, évêque de Southwark, une seconde fondation est décidée dans le comté de Kent, à Ashford. Cette maison a été récemment transférée à Luton (Beds) et comprend un externat prospère de plus de cent enfants.

En même temps, cinq religieuses faisaient voile

vers le Mexique. Les R.R. P.P. Maristes avaient établi à Mexico un grand collège. Bien vite ils avaient compris qu'ils n'auraient d'influence sur leurs élèves, qu'autant que ces derniers apprendraient le français dès leur jeune âge. Il fallait beaucoup de patience, de persévérance et de générosité. Les Sœurs de Sainte-Marie étaient donc toutes désignées.

A l'heure actuelle plus de deux cents élèves de quatre à huit ans apprennent auprès d'elles à parler notre langue, et à aimer notre pays.

C'est aussi pendant le supériorat de Mère Marie-Alexandrine qu'eut lieu la terrible guerrre européenne de 1914. Là, se révélèrent pleinement, si tant est qu'il en fut besoin, les qualités de délicatesse, de générosité de la bonne Supérieure : avec quelles infinies précautions, elle annonçait à ses Sœurs la triste nouvelle de la mort d'un membre de leur famille, sur les champs de bataille! Quelle sollicitude empressée à s'informer du sort des malheureuses religieuses restées sous la botte de l'envahisseur, ou dans les pays qu'anéantissait la mitraille! Quelle joie de recevoir un soldat, un rapatrié, le parent d'une religieuse ou de leur faire parvenir maints paquets utiles et des douceurs.

Pendant ces années de guerre, il fut bien impossible de réunir le Chapitre qui d'après les Constitutions doit se tenir tous les six ans, pour élire une Supérieure Générale. Aussi Rome prolongea facilement les pouvoirs de Mère Marie-

Alexandrine. Personne d'ailleurs n'eut à s'en plaindre.

C'est sur ces entrefaites que démissionnait en 1918, le Supérieur de la Congrégation, M. le chanoine Poudroux. Nous voudrions louer comme il le mérite celui qui fut et est son successeur. Mais louange délicate! Mgr Roland-Gosselin ne nous pardonnerait point de blesser son humilité, et de dire la joie et la fierté qu'éprouve la Congrégation de Sainte-Marie, d'avoir pour Supérieur l'évêque auxiliaire de Paris.

En cette même année, une fête pieuse et touchante honorait les cinquante ans de vie religieuse de Mère Marie-Alexandrine.

Fatiguée par l'âge, brisée par les émotions violentes dont on vient de parler, Mère Marie-Alexandrine se démettait de sa charge de Supérieure Générale le 23 avril 1919, et elle était remplacée par la Supérieure de Mexico, Sœur Marie-Omérine, la Supérieure Générale actuelle en charge.

En octobre 1921, notre bonne Mère s'endormait doucement dans la paix du Seigneur. Elle était dans sa soixante-seizième année.

Fidèle à ses principes d'humilité et de simplicité, la Congrégation de Sainte-Marie continue son apostolat. Malgré les persécutions qui ne désarment point, la communauté prospère. Les vocations se multiplient, les novices se font plus nombreuses. Elles ne suffisent pas encore, nos Sœurs de France, d'Angleterre, et du Mexique réclament des ouvrières, des apôtres.

Que la vierge Marie, patronne de notre Congrégation daigne en envoyer en grand nombre! Il y va de sa gloire et de la gloire de Dieu.

Posuerunt me custodem, domus suæ, Filiæ meæ.

APPENDICE

NOTICE BRÈVE POUR LES ASPIRANTES

La Congrégation de Sainte-Marie a pris naissance le 18 janvier 1843 et a pour fondateurs Mgr Affre, archevêque de Paris, et Mère Melthide

Les Sœurs de Sainte-Marie suivent la règle de saint Augustin.

Leur Congrégation a obtenu un bref laudatif en date du 15 août 1847.

Le 16 juin 1875, le Pape Pie IX daigna approuver notre Institut comme une Congrégation à vœux simples.

Les Constitutions viennent d'être rendues conformes aux dernières lois canoniques et sont à Rome en vue de l'approbation définitive.

Gouvernement de la Congrégation.

Les Sœurs de Sainte-Marie professent une religieuse vénération pour le Saint-Siège et une filiale obéissance envers Mgr l'archevêque de Paris et le Supérieur délégué.

Elles sont également pleines de respectueuse

docilité à l'égard de NN. SS. les évêques sous la juridiction desquels elles sont placées.

La maison mère est établie à Paris.

La Supérieure Générale y réside habituellement, ainsi que quatre Sœurs de son conseil.

La Congrégation a des maisons en France, en Angleterre et au Mexique.

Chaque maison est gouvernée par une Supérieure locale sous la direction de la Supérieure Générale.

But et esprit de la Congrégation.

L'esprit de la Congrégation est un esprit de simplicité, d'humilité et de modestie.

La Congrégation a pour fin générale avec la sanctification personnelle de chaque religieuse de servir et honorer Dieu par l'observance exacte des trois vœux de religion et l'imitation plus parfaite des vertus de Notre-Seigneur et de la très sainte Vierge que les religieuses ont choisie pour Mère et pour Patronne.

Elles ont pour fin particulière les œuvres : instruction, éducation, catéchisme, patronages, orphelinats, hôpitaux, hospices, dispensaires, visite des pauvres à domicile.

Exercices spirituels.

Les exercices spirituels tiennent une large place dans le règlement des religieuses de Sainte-Marie, parce que la vie qui se dépense dans l'action extérieure n'est féconde et méritoire que si elle est soutenue par la vie intérieure.

Les religieuses ont chaque jour en commun : la prière du matin, l'oraison, la sainte messe, l'office de la sainte Vierge, l'examen particulier, la visite au très Saint-Sacrement, le chapelet, la lecture spituelle et la prière du soir.

Chaque mois : un jour est consacré à la récollection.

Chaque année : une retraite de trois jours est donnée en préparation à la rénovation des vœux.

Une retraite de huit jours renouvelle les Sœurs dans la ferveur de leur saint état.

Parloirs.

Les religieuses ne vont pas au parloir sans y être autorisées ; elles ne peuvent recevoir les mêmes personnes qu'une fois tous les quinze jours. La durée des parloirs est d'une demi-heure.

Les parloirs ne sont pas ouverts :

1° Pendant le saint temps de l'Avent et du Carême.

2° Pendant les retraites des religieuses.

3° Pendant les exercices de la communauté.

Conditions d'admission.

Il faut que l'aspirante soit vraiment appelée de Dieu, douée d'un bon caractère, d'un jugement droit, d'un extérieur modeste et sans aucune infirmité notable.

Il faut encore qu'elle soit de naissance légitime, d'une réputation intacte, d'une famille honnête, d'une bonne santé et qu'elle ait un vrai désir de la perfection chrétienne et religieuse.

Les postulantes doivent avoir un trousseau dont le détail est donné sur la demande de l'aspirante.

Pour ce qui concerne la dot et les frais de noviciat on s'entendra avec la Mère Supérieure.

La durée du postulat est de six mois et celle du noviciat de dix-huit mois à partir de la vêture.

Documents indispensables.

1° Acte de naissance.

2° Acte de baptême.

3° Acte de confirmation.

4° Certificat de bonne conduite donné par un ecclésiastique ou une autre personne qualifiée.

5° Consentement des parents ou du tuteur si la jeune fille est mineure.

6° Certificat du docteur, attestant que l'aspirante n'est atteinte d'aucune maladie chronique ou héréditaire.

ŒUVRE DE LA SAINTE TRINITÉ

La maison mère des Sœurs de Sainte-Marie, 8, rue Joseph-Bara est le centre de l'œuvre de la sainte Trinité dont voici les statuts et le but :

Le mystère de la très sainte Trinité est le

premier et le plus grand de tous les mystères, celui d'où découlent tous les autres.

La dévotion envers cet auguste mystère doit donc être la première et la plus excellente de toutes les dévotions.

Hélas! loin d'honorer les divines personnes comme elles le méritent, une secte impie multiplie les négations et les blasphèmes contre l'adorable mystère.

Afin d'apaiser la colère divine justement irritée, des actes de réparation s'imposent. Dans ce dessein a été fondée l'Association réparatrice envers la très sainte Trinité.

Placée sous la protection de l'archange saint Michel, le prince des légions célestes, elle a été approuvée par le cardinal Guibert, archevêque de Paris, le 24 février 1875, et encouragée par plusieurs cardinaux, archevêques et évêques. Le souverain pontife Pie IX l'a enrichie de deux indulgences plénières que les associés peuvent gagner tous les six mois aux jours de leur choix et aux conditions ordinaires (brefs du 15 janvier 1876, et du 14 août 1877). Pie X de sainte mémoire, par rescrit du 22 mai 1911, accordait à tous les associés la bénédiction apostolique.

Les conditions exigées sont des plus simples : les prêtres doivent célébrer aux intentions de l'Œuvre une ou plusieurs messes par mois; en cas d'empêchement, l'intention secondaire suffit; les fidèles doivent simplement offrir une ou plusieurs communions. Il est en plus demandé de s'unir, trois par trois, en l'honneur de la très sainte Trinité pour offrir ces messes ou communions le même jour.

Les adhésions doivent être envoyées avec les noms, prénoms et adresses à Mme la Secrétaire du *Memento*, 8, rue Joseph-Bara, Paris, 6e. L'Association a pour organe un petit bulletin mensuel : *Memento de l'Association réparatrice.* (Abonnement 1 fr. 50 par an.)

Statuts de l'Association réparatrice envers la très sainte Trinité

Article premier. — Une association de prières est formée dans le but : 1o de demander à Dieu l'extinction des sociétés secrètes et la conversion des membres qui les composent; 2o d'adorer la patience de Dieu et de réparer les outrages qui sont faits à la très sainte Trinité dans ces sociétés.

Art. II. — Les prêtres, les membres des communautés religieuses et les laïques peuvent faire partie de cette association. Ils s'associeront par trois : les prêtres pour célébrer une trinité de messes; les membres des communautés religieuses et les laïques pour faire une trinité de communions.

Art. III. — Les prêtres associés offriront le très saint sacrifice une ou plusieurs fois par semaine ou par mois, aux jours déterminés par eux à l'instant où ils se feront inscrire. Ceux qui, *ex officio* ou autrement, ne pourraient au jour fixé, offrir la sainte messe dans l'unique intention de l'Association, la porteraient comme intention secondaire et offriraient comme complément leurs mérites de la journée en esprit de sacrifice, de réparation et d'expiation; dans ce cas, ils pourraient recevoir le *stipendium.*

Art. iv. — Les membres des communautés religieuses et les laïques feront la sainte communion aux intentions précitées, une ou plusieurs fois par semaine ou par mois, aux jours déterminés par eux en se faisant inscrire. Celui qui, au jour fixé, n'aurait pas fait la sainte communion ou célébré la sainte messe, s'acquitterait de ce devoir aussitôt que possible.

Art. v. — Chaque associé recevra une feuille d'admission qui contiendra son nom et les noms des deux autres confrères faisant réparation le même jour que lui, et avec lesquels il devra s'unir d'intention pour former avec une trinité de réparation.

Art. vi. — Les associés devront s'efforcer de réunir autour d'eux le plus grand nombre possible d'adhésions. Les feuilles d'adhésions seront envoyées *franco* avec les adresses de chacun des associés, à Mme la Secrétaire du *Memento*, 8, rue Joseph-Bara (6e arr.), à Paris, et les noms seront inscrits sur le registre de l'Association. Chacun sera libre de choisir les deux membres avec lesquels il désirerait s'associer pour faire réparation le même jour ; les listes seront inscrites sur le registre telles qu'elles seront envoyées.

Art. vii. — Les membres de l'Association sont priés de faire connaître à l'adresse indiquée plus haut, les faits qui seront de nature à éclairer le comité ou à encourager l'action commune.

Art. viii. — Les associés qui pourront le faire, sont invités, en se faisant inscrire, à envoyer au comité une petite aumône destinée à couvrir les frais d'impression et de correspondance.

Vu et approuvé :

Paris, 24 février 1875,

J. Hipp., Card.-Arch. de Paris.

TABLE DES MATIÈRES

1925. — Imprimerie Letouzey et Ané, 87, Boulevard Raspail, Paris-VI
R. C. Seine 218.260 B

www.ingramcontent.com/pod-product-compliance
Ingram Content Group UK Ltd.
Pitfield, Milton Keynes, MK11 3LW, UK
UKHW020302180726
13839UKWH00001B/355

9 782329 176895